2,50,-

Renée Holler

Tatort Geschichte · Das Geschenk des Kublai Khan

TATORT GESCHICHTE

Renée Holler

Das Geschenk des Kublai Kahn

Illustrationen von Günther Jakobs

Loewe

Der Umwelt zuliebe ist dieses Buch auf chlorfrei gebleichtem Papier gedruckt.

ISBN 978-3-7855-4157-9
1. Auflage 2007

Umschlagillustration: Günther Jakobs
Umschlagfoto: akg-images/Erich Lessing
(Chinesische Vase, 14. Jahrhundert)
Printed in Germany (007)

www.loewe-verlag.de

Inhalt

Der fremde Teufel

„Und was soll das sein?“ Meister Wu blickte streng auf das Blatt Papier, das vor seinem Schüler lag. „Wie oft habe ich dir die richtige Reihenfolge der Pinselstriche erklärt, und du machst es immer wieder falsch.“ Unbarmherzig zerknüllte er das Blatt, auf dem Ping versucht hatte, das Schriftzeichen für Schnee zu schreiben, und legte einen neuen Bogen Papier vor den Jungen.

Ping seufzte. Dann griff er nach der Stangentusche und rieb sie auf dem Reibstein mit etwas Wasser, bis er genug flüssige Tusche hatte, um seinen Pinsel einzutauchen. Anschließend malte er schwungvoll den ersten Strich des Schriftzeichens auf das leere Blatt vor ihm. Schnee! Es war Hochsommer! Trotz der frühen Morgenstunde spürte man selbst im Studierzimmer, wie die Hitze durch alle Ritzen drang. Und er sollte das Schriftzeichen für Schnee schreiben! Mechanisch setzte er die nächsten Pinselstriche auf das Blatt. Vier kleine Punkte, die Schneeflocken glichen, die auf die Erde hinabrieselten.

„Halt“, gebot ihm sein Lehrer. „Diese Striche sind viel zu dick.“ Er schüttelte den Kopf. „Die reinste

Papierverschwendung!“ Er reichte dem Jungen einen neuen Bogen. „Konzentrier dich!“ Auf Meister Wus Stirn hatten sich inzwischen kleine Schweißperlen gebildet.

Leidenschaftslos begann Ping von Neuem. Wie sehr er seine Schwester beneidete. Meili musste nicht den täglichen Unterricht ertragen. Wie alle Mädchen im Reich der Mitte brauchte sie weder lesen noch schreiben zu lernen. Vermutlich war sie draußen im Garten, unter den schattigen Weiden am Goldfischteich. Der Junge tauchte den Pinsel in die Tusche und setzte an, den letzten Strich des Schriftzeichens zu malen. Doch dann passierte es: Ein riesiger Klacks Tusche landete mitten auf den Schneeflocken!

„Unfassbar!“ Meister Wu schüttelte abermals den Kopf. „Ich habe das Gefühl, dass es heute mit Kalligrafie nichts mehr wird.“ Er wischte sich mit einem seidenen Taschentuch über die Stirn. „Zwar ist es noch nicht an der Zeit, doch ich schlage vor, dass wir ausnahmsweise den Unterricht schon jetzt beenden und ihn morgen früh, wenn es kühler ist, fortsetzen.“

Ping traute seinen Ohren nicht. Hatte sein Lehrer tatsächlich vorgeschlagen, dass er für den Rest des Tages befreit war? Bevor Meister Wu seine Meinung wieder ändern konnte, stand der Junge eilig auf, verbeugte sich vor dem älteren Mann und machte sich daran, das Studierzimmer schleunigst zu verlassen.

„Nicht so schnell, junger Mann!“, hielt ihn Meister Wu zurück. „Hast du nicht etwas vergessen?“

Ping sah den Lehrer fragend an.

„Die vier Kostbarkeiten des Studierzimmers.“

Da verstand der Junge. Bevor er nicht Pinsel, Tusche, Reibstein und Papier aufgeräumt hatte, durfte er nicht gehen. Allerdings dauerte es nicht lange, und kurz darauf kam er, sein Diabolo unterm Arm, im Garten an, wo er sich gleich nach Meili umsah. Doch das Mädchen war nirgendwo zu finden.

Ping hockte sich auf die geländerlose Brücke, die im Zickzack über den Teich führte, und baumelte mit seinen nackten Füßen im kühlen Wasser. Dicht an der Oberfläche tanzte eine jadegrüne Libelle zwischen den Seerosen, während Goldfische seine Füße umschwammen. Plötzlich hielt ihm jemand die Augen zu.

„Huhuh!“ Meili hatte sich unbemerkt von hinten an ihn herangeschlichen. „Was machst du hier auf der Brücke?“, lachte sie. „Wartest du etwa auf Geister?“

„Klar“, grinste Ping. „Ich will sehen, wie sie ins Wasser fallen.“

Jedes Kind in China wusste, dass böse Dämonen nur geradeaus laufen konnten. Auf einer zickzackförmigen Brücke würden sie also im Teich landen.

„Darf ich mit deinem Diabolo spielen?“ Das Mädchen hatte das Spielzeug auf dem Boden neben ihrem Bruder entdeckt.

„Du schaffst ja nicht mal, es auf der Schnur kreiseln zu lassen“, meinte Ping.

„Und ob ich das kann“, erwiderte Meili frech. Sie griff mit einer Hand nach dem Diabolo, mit der anderen nach den Handstöcken und rannte los. In sicherer Entfernung vom Bruder, dicht neben der Mauer zum Nachbargrundstück, hielt sie an. Dort setzte sie das Diabolo auf das zwischen den beiden Stöcken befestigte Seil und begann, es erst langsam, dann immer schneller um die eigene Achse rotieren zu lassen.

„Warte nur, bis ich dich erwische!“, rief Ping scherzend. „Da wird dir Schlimmes passieren!“ Dann stand er ohne Eile auf, schlüpfte mit nassen Füßen in die Schuhe und folgte seiner Schwester.

Währenddessen ließ Meili das Diabolo unaufhörlich kreiseln. „Ich beherrsche sogar Tricks damit“, rief sie triumphierend, spannte das Seil zwischen den Stöcken und schleuderte den Kreisel kraftvoll in die Luft. Doch das Diabolo landete nicht wie geplant wieder auf dem Seil, sondern schlug auf dem Boden auf und kullerte ein Stück den Weg entlang, bis es schließlich vor Pings Füßen liegen blieb.

Der Junge hob es auf. „Gib mir die Stöcke", forderte er seine Schwester auf, die sie ihm nur ungern reichte. „Hochwerfen ist einfach", meinte er und begann, das Diabolo rotieren zu lassen. „Fangen dagegen ist eine Kunst." Er katapultierte es in die Luft und fing es gleich darauf mühelos mit dem Seil auf. Danach ging es wieder hoch und nieder, hoch und nieder, immerfort.

„Du brauchst dir gar nichts einzubilden", erwiderte seine Schwester schlagfertig. „So gut wie die Akrobaten, die wir vergangenen Monat sahen, bist du noch lange nicht. Die haben die Arme verschränkt und das Diabolo den Stock entlangrollen lassen." Trotzdem sah sie Ping bewundernd zu. „Bitte", drängte sie. „Lass es mich noch mal versuchen."

„Na gut", gab der Junge nach und reichte der jüngeren Schwester die Stöcke. „Der Trick ist, das Diabolo so schnell wie möglich zu beschleunigen. Dann kommt es beim Hochwerfen nicht so leicht vom Kurs ab."

Staunend folgte Meili dem Diabolo mit den Augen, als sie es mit einem erneuten Versuch himmelwärts schleuderte. Es flog so hoch wie nie zuvor. Allerdings landete es auch dieses Mal nicht auf dem Seil, sondern sauste in hohem Bogen über die Mauer in den Nachbargarten.

„Und was jetzt?“, stöhnte Ping. „Ich jedenfalls klopfe nicht bei Präfekt Tien an, um das Diabolo zurückzuholen.“

„Ich auch nicht“, meinte Meili. „Ich habe eine bessere Idee.“ Und schon war sie den knorrigen Pflaumenbaum hochgeklettert, der dicht an der Mauer wuchs. „Wir steigen einfach über die Mauer und holen es uns aus dem Nachbargarten zurück.“

„Wenn dich Mutter oder Vater sehen würden“, hänselte sie ihr Bruder, während er den Ast daneben erklomm. „Die würden Zustände kriegen. Ein Mädchen auf einem Baum!“

Meili wollte gerade ihr Bein über die Mauer schwingen, als sie von Ping im letzten Augenblick zurückgehalten wurde.

„Spinnst du?“, flüsterte er. „Hast du Präfekt Tien nicht gesehen? Er ist im Garten!“ Er deutete auf einen Pavillon, der sich im Wasser eines Teiches spiegelte. Der Präfekt trat gerade aus dem Bau, begleitet von seinem Sekretär und einem Besucher. In eine Unterhaltung vertieft, schritten die drei auf eine Bogenbrücke zu, die den Teich überspannte.

„Wer ist denn dieser Fremde?“, raunte Meili. Der Mann trug einen dichten braunen Vollbart und hatte eine ungewöhnlich lange Nase. Über seinen runden Augen, die Meili an ein Pferd erinnerten, schwangen sich buschige Augenbrauen. „Ist das ein ‚fremder Teufel‘?“

Ping nickte. „Ja. Er kommt aus einem Land im Westen, jenseits von Cathay. Vater hat mir erzählt, dass er Marco Polo heißt und ein Gesandter des Großkhans ist. Er ist zu Gast in Präfekt Tiens Haus.“

„Der Fremde sieht zum Fürchten aus“, stellte Meili schaudernd fest. „Über die Mauer können wir da jetzt auf keinen Fall. Ich würde vorschlagen, wir machen das heute Nacht, wenn alle schlafen.“

„Gute Idee“, stimmte Ping ihr zu. „Und jetzt verziehen wir uns wohl besser.“

Doch statt vom Baum zu klettern, streckte Meili ihren Kopf noch mal über die Mauer.

„Pass auf, dass er dich nicht entdeckt“, neckte ihr Bruder. „Fremde Teufel haben kleine Mädchen sicher zum Fressen gern.“

Doch Meili ignorierte ihn. „Wo ist das Diabolo eigentlich gelandet?“, wunderte sie sich. „Ich kann es nirgendwo entdecken!“

? *Wo ist das Diabolo gelandet?*

Ein rätselhaftes Orakel

Präfekt Tiens Garten versank in tiefer Dunkelheit, als eine Wolke über den Mond zog. An den überhängenden Traufen der Wohngebäude und am Pavillon hatten Diener für die Nacht rote Papierlaternen aufgehängt. Diese tauchten ihr Umfeld in ein gespenstisches rotes Licht, während der Garten umso mehr von der Finsternis verschluckt wurde.

Ping lauschte angespannt. Bis auf das Zirpen der Grillen und das nächtliche Konzert der Frösche war kein Geräusch zu hören.

„Komm schon", forderte seine Schwester ihn leise auf. „Wir haben nicht die ganze Nacht Zeit." Sie schlich vorsichtig auf den Teich zu. Plötzlich blieb sie ruckartig stehen. Im Bambusdickicht, gleich neben ihr, hatte es geraschelt. Doch es war nur ein Frosch, der platschend ins dunkle Wasser sprang.

„Hier ist es", flüsterte Meili. Sie kniete sich am Ufer nieder und streckte ihren Arm so weit wie möglich aus, um das Diabolo aus den Seerosen herauszufischen. Schließlich reichte sie das tropfende Spielzeug ihrem Bruder. „Und jetzt schnell nach Hause."

Doch statt auf die Mauer zuzustreben, packte Ping

seine Schwester am Ärmel und zog sie hinter einen Jasminbusch, dessen weiße Blüten einen wohlriechenden Duft verströmten.

Auch Meili konnte jetzt das leise Knirschen hören, das auf sie zukam. Kurz darauf löste sich ein Schatten aus der Dunkelheit, der den Kiesweg entlanghuschte. Als die Gestalt an einem Lampion vorbeilief, sahen die Geschwister, dass die Person über der rechten Schulter ein Bündel schleppte und mit dem linken Arm eine dickbauchige Vase umgriff. Für einen Augenblick konnte man sogar deutlich das Muster auf der Vase sehen. Es war ein Drache darauf abgebildet, der mit seinem Körper eine Perle umschloss. Das Gesicht der Gestalt dagegen blieb trotz des Laternenscheins verborgen. Es war mit einem schwarzen Tuch umhüllt, das nur einen schmalen Spalt für die Augen frei hielt.

„Höchst verdächtig", stellte Meili fest, nachdem die Person im hinteren Teil des Gartens verschwunden war. „Wir sollten den Präfekten alarmieren."

„Auf keinen Fall!", meinte Ping. „Das war sicher ein Dieb. Präfekt Tien würde bestimmt denken, wir stecken mit dem unter einer Decke."

„Und wieso das?" Meili verstand nicht.

„Weil auch wir ohne Erlaubnis im Garten des Präfekten sind. Oder meinst du etwa, er würde uns die Geschichte mit dem Diabolo abnehmen?"

„Stimmt", gab Meili zu. Dann gähnte sie. Der Blütenduft des Jasminbusches, hinter dem sie sich versteckt hatten, machte sie allmählich schläfrig, und es war schon sehr spät. „Außerdem geht uns diese Sache ja nichts an, und ich will jetzt in mein Bett", erklärte sie bestimmt. Als die Luft rein war, kletterten die beiden eilig über die Mauer.

Am Nachmittag des nächsten Tages durften Ping und Meili ihre Kinderfrau in die Stadt begleiten.

„Zuerst müssen wir zu Yangs Schirmladen in der Gasse der Himmlischen Papierblüten“, erklärte Fräulein Sun den Geschwistern, als sie aus dem Haustor auf die Gasse traten. „Der Sonnenschirm eurer Mutter“, sie deutete auf den zusammengefalteten Schirm aus Ölpapier, der an ihrem Handgelenk baumelte, „lässt sich nicht mehr richtig aufspannen.“ Sie wollte gerade losgehen, als jemand ihren Namen rief.

„Fräulein Sun, haben Sie einen Augenblick Zeit?“ Dai Ling, eines der Dienstmädchen von Präfekt Tien, kam auf sie zugelaufen.

Die Kinderfrau blieb stehen und begrüßte ihre Freundin herzlich. „Alles in Ordnung?“, fragte sie.

„Nein“, berichtete die Frau atemlos. „Vergangene Nacht wurde bei uns eingebrochen!“

„Was Sie nicht sagen!“ Fräulein Sun, immer gerne auf ein Schwätzchen aus, blickte Dai Ling erwartungsvoll an. „Wurde etwas gestohlen?“

„Der Einbrecher hat den Geldschrank aufgebrochen und bis auf den letzten Kupferling ausgeraubt“, erklärte die Frau. „Goldbarren, Geldbündel, Präfekt Tiens Amtssiegel – alles ist weg. Und als ob das nicht schon ausreichte, hat der Strolch zudem noch eine kostbare Vase mitgehen lassen. Stellen Sie sich vor, sie ist unserem Präfekten vom Kaiser überreicht worden!“

„Unglaublich.“ Fräulein Sun schüttelte fassungslos den Kopf.

Die beiden Geschwister hörten dem Gespräch aufmerksam zu.

„Hat man eine Ahnung, wer das getan hat?“, wollte ihre Kinderfrau wissen.

„Ja.“ Dai Ling zögerte einen Augenblick, bevor sie den Namen preisgab. „Bao.“

„Bao, der Küchenjunge? Niemals!“, rief Fräulein Sun empört.

„Ich weiß, erst konnte ich es auch nicht glauben. Doch es muss so sein. Bao ist seit dem Einbruch spurlos verschwunden.“

Kurz darauf stapften die Geschwister wenige Schritte hinter ihrer Kinderfrau die Kaiserstraße entlang. Obwohl die Prachtstraße, die sich, parallel zum Hauptkanal, von einem Ende der Stadt zum anderen erstreckte, sehr breit war, kamen sie nur langsam vorwärts. Von morgens bis abends herrschte hier dichtes Gedränge.

„Es war auf keinen Fall Bao“, wisperte Meili ihrem Bruder zu. Sie kannte den Jungen vom Sehen. „Bao ist so groß wie du, aber die Gestalt, die wir gestern Abend gesehen haben, war viel größer. Bao ist unschuldig.“

„Oder“, wandte Ping ein, „er hat mit dem Einbrecher zusammengearbeitet.“

„Nein.“ Meili war sich sicher. „Dann hätten wir ihn doch auch im Garten gesehen.“

„Weg da!“ Ein Kameltreiber, dessen Tiere mit dicken Stoffballen beladen waren, scheuchte die Kinder aus dem Weg. Sie traten auf die Seite, um die Trampeltiere, die sie hochnäsig von oben musterten, vorbeizulassen.

„Haltet euch dicht hinter mir", mahnte sie Fräulein Sun. „Ich will euch in diesem Trubel nicht verlieren."

Wenig später bogen sie nach links in eine ruhigere Straße ein, die an einem schmalen Kanal entlangführte. Sie hatten die Gasse der Himmlischen Papierblüten erreicht. Am Ende, wo eine Brücke den Kanal überspannte, konnte man Yangs Schirmladen sehen. Den Eingang umrahmten bunte Schirme aus Ölpapier, mit Blumen und Vögeln bemalt.

„Falls Herr Yang den Schirm gleich reparieren kann, dauert es vermutlich etwas länger“, meinte Fräulein Sun. „Ihr könnt vor dem Laden warten.“ Sie drückte Ping einen Kupferling in die Hand. „Kauft euch etwas zu knabbern.“ Sie deutete an den Straßenrand, wo es aus dem Wok einer Garküche verführerisch gut duftete. Dann verschwand sie im Schirmladen.

„Ich habe eine bessere Idee“, verkündete Meili. Sie hatte einen Wahrsager entdeckt, der scinen Stand gleich auf der anderen Seite der Brücke aufgeschlagen hatte.

„Und?“ Ping verstand nicht, worauf seine Schwester hinauswollte. Ein Wahrsager? Eine Schale dampfender Nudeln war dem zweifellos vorzuziehen.

„Wir könnten das Orakel befragen, wo Bao abgeblieben ist“, erklärte Meili.

„Hervorragend!“ Ping war von dieser Idee gleich begeistert, und die Nudeln waren schon vergessen.

Einen Augenblick später standen sie neben dem alten Mann, der im Schatten eines Baumes an einem kleinen Tisch hockte.

„Hast du dir eine Frage überlegt?“, erkundigte er sich, als ihm Ping den Kupferling reichte. Der Junge nickte.

„Gut, behalte sie für dich“, riet der Wahrsager, „und das Orakel wird dir mit jedem vierten Wort die Antwort dazu geben.“ Dann begann er, seine Wahrsagestäbchen in einem Bambusrohr heftig zu schütteln, so lange, bis eines davon immer höher stieg und schließlich mit einem Satz auf dem Tisch landete. Der alte Mann musterte das Stäbchen. „Neunundzwanzig“, murmelte er mehr zu sich als zu den Kindern. Dann schlug er ein Buch auf, fuhr mit seinem Zeigefinger den Text entlang, bis er schließlich die gesuchte Stelle gefunden hatte.

„Zum Kampf rüsten Grillen“, begann er den Orakelspruch vorzulesen, „wo sich wetteifernde Jungen versammeln.“ Dann fuhr er fort: „Kenntnis und Wissen begünstigen häufig, ein Versteck zu enthüllen.“

„Ist ja logisch, dass Kenntnis hilft, etwas zu enthüllen“, meinte Meili, als sie zurück zum Schirmladen spazierten. „Trotzdem verstehe ich dieses Orakel nicht. Und was hat der Mann damit gemeint, dass es uns nur mit jedem vierten Wort die Antwort gibt?“

„Jedes vierte Wort“, überlegte Ping. „Ich glaube, ich weiß, was das bedeutet. Allerdings bringt uns die Antwort auch nicht viel weiter.“

? *Was rät das Orakel?*

Die Kampfgrillen

„Ist wieder so gut wie neu“, verkündete Fräulein Sun, die den Sonnenschirm kurz aufspannte und dann wieder zusammenklappte. „Wir können jetzt weiter zur Kurzwarenhandlung, um Seidengarn zu besorgen.“ Mit zügigen Schritten lief sie die Gasse entlang. Ping und Meili folgten ihr.

Der Weg zum Kurzwarenladen führte über eine schmale Brücke, so schmal, dass sie erst zwei Träger vorbeilassen mussten, die auf ihren Schultern eine Sänfte schleppten. Ob jemand im Tragestuhl saß, war hinter dem zugezogenen Vorhang nicht zu erkennen. Dicht dahinter folgte ein Bauer auf einem Maultier. Erst als auch er vorbei war, konnten die drei ihren Weg fortsetzen. Doch sie kamen nicht weit.

„Fräulein Sun“, rief plötzlich eine helle Stimme.

Die Kinderfrau drehte sich um. „Frau Yung“, rief sie erfreut. „Was führt Sie denn in diesen Stadtteil?“

„Ich will mir einen neuen Fächer besorgen.“ Die Frau deutete auf einen Laden an der nächsten Ecke. „Wollen Sie mir helfen, einen auszuwählen?“

Fräulein Sun blickte unentschlossen auf ihre beiden Zöglinge.

„Aber gerne“, meinte sie schließlich. Sie reichte Ping den Schirm. „Pass auf ihn auf, solange ich im Laden bin. Und rührt euch nicht von der Stelle!“ Gleich darauf war sie zwischen den Fächern verschwunden.

Ping steckte den Schirm wie ein Schwert in seinen Gürtel. „Das wird sicher ewig dauern“, schimpfte er leise. Doch es blieb ihnen nichts anderes übrig, als geduldig zu warten.

„Ist das da etwa ein Grillenkampf?“ Meili hatte auf der anderen Straßenseite eine Gruppe Jungen entdeckt. Sie scharten sich um eine kleine Holzkiste auf dem Boden. „Lass es uns genauer anschauen!“

„Da können wir nicht hin“, meinte der vernünftigere Ping. „Das sind Straßenjungen. Schau dir nur die zerlumpten Hosen und Jacken an.“

„Na und?“, widersprach ihm Meili. „Ich gehe trotzdem rüber. Vielleicht hat das ja etwas mit dem Orakel zu tun. Hast du etwa schon vergessen, was es uns geraten hat?“

„Natürlich nicht“, erwiderte Ping. „Grillenjungen wissen Versteck.“ Nun ließ auch er sich nicht mehr aufhalten.

Tatsächlich fand dort im Schatten des Baumes ein Grillenkampf statt. Zwei Grillenmännchen gingen aufeinander los. Einer der Jungen, der auf dem Bauch lag und das Kinn in die Hände stützte, feuerte lautstark seine Grille an. Er trug den Kopf nicht, wie üblich, glatt rasiert, sondern hatte strubbelige, abstehende Haare. „Zeig es ihm!“, rief er laut. „Du bist der bessere Kämpfer!“

„Lass dich von diesem Feigling nicht einschüchtern!“, stachelte ein anderer Junge die gegnerische Grille an. „Na los! Wehr dich! Gib's ihm mit den Fühlern!“

Ping und Meili drängten sich nach vorne, um besser sehen zu können. Die Grillen hüpften wild aufeinander zu, immer wieder, bis nach einer Weile eine von ihnen auf ihrem Rücken landete und sich danach zurückzog. Sie hatte den Kampf verloren, während ihr Gegner ein lautstarkes Zirpen anstimmte. Auch die umstehenden Straßenjungen taten begeistert ihren Beifall kund.

Genau in diesem Augenblick spürte Ping, wie sich eine Hand unter seinen Gürtel schob. Ein Taschendieb! Er drehte sich blitzartig um und packte zu.

„He, was soll das?“, fuhr er den Dieb zornig an, der den Schirm vor Schreck fallen ließ. „Das ist der Schirm meiner Mutter!“

„Lass ihn in Ruhe", mischte sich der Junge mit den strubbeligen Haaren ein, der inzwischen aufgestanden war. Er war um einiges größer als Ping, und die Ärmel seiner schäbigen Jacke waren viel zu kurz. Vorsichtig schob er seine laut zirpende Grille in einen winzigen Käfig. Dann musterte er Ping interessiert. „Moment mal", meinte er. „Ich glaube, ich kenne dich. Wohnst du nicht auf dem Hügel der Tausend Pinien im Nachbarhaus von Bao?"

„Bao?" Ping starrte den Straßenjungen verdutzt an. „Du kennst Bao?"

„Was geht dich das an?", erwiderte der Junge frech.

„Er ist spurlos verschwunden!", sprudelte es aus Meili hervor. „Wenn du weißt, wo er sich versteckt hält, musst du es uns sagen!"

„Ach ja? Und wieso das?"

„Er wird verdächtigt, bei Präfekt Tien eingebrochen zu sein“, erklärte das Mädchen ernst. „Und wir wissen, dass er unschuldig ist. Wir wollen ihm helfen!“

Die Straßenjungen wechselten verschwörerische Blicke. Dann steckten sie die Köpfe zusammen und flüsterten miteinander.

Als sie ihre Besprechung beendet hatten, trat der Strubbelkopf auf die Geschwister zu. „Ich heiße Ogotai“, stellte er sich mit einer Verbeugung vor, „und bin Anführer der ‚Kampfgrillen‘.“ Er deutete mit einer Handbewegung auf die anderen Jungen. „Möglicherweise können wir euch helfen.“

„Wie?“ Ping blickte ihn erwartungsvoll an.

„Kommt zur Stunde der Ratte zum Wirtshaus ‚Zu den Hundert Laternen‘. Dort fragt ihr nach Heng Fu, dem Meister der Diebesgilde. Er weiß, wo sich Bao versteckt hält.“

„Du hältst uns wohl zum Narren?“ Ping glaubte dem Straßenjungen kein Wort. „Wer garantiert uns, dass es sich dabei nicht um eine Falle handelt? Außerdem können wir nicht mitten in der Nacht, während der Ausgangssperre, durch Quinsai spazieren.“

Ogotai zuckte mit den Schultern. „Wenn ihr mir nicht traut, wird Baos Versteck eben ein Geheimnis bleiben.“ Er wandte sich von den Geschwistern ab.

„Das habe ich ja nicht so gemeint", entschuldigte sich Ping schnell. „Wo finden wir das Wirtshaus?"

„In der Nähe des Reismarkts", erklärte Ogotai. „Allerdings kenne ich den Weg nur vom nördlichen Stadttor aus. Wie ihr von eurem Stadtteil hinkommt, müsst ihr selbst herausfinden."

„Kein Problem", erwiderte Ping. „Mein Vater hat einen Stadtplan. Da können wir nachsehen."

„Gut", fuhr der Straßenjunge fort. „Vom Tor aus muss man geradeaus in südliche Richtung gehen, bis man zur dritten Straße kommt. Dort biegt man links ab, geht über die Brücke und danach immer den Kanal entlang. Bei der vierten Brücke auf der rechten Seite geht es rechts über den Kanal in eine breitere Straße. Von dort zweigen links Gassen ab, die alle auf einen weiteren Kanal zuführen. Bei der sechsten muss man abbiegen und läuft dann über die Brücke und bis zur nächsten Querstraße weiter. Dort geht es nach rechts. Das Wirtshaus ist nicht mehr weit. Ein großes zweistöckiges Gebäude, links an der nächsten Straßenecke. Man kann es nicht verfehlen."

„Ping! Meili!" Fräulein Sun lief aufgeregt auf sie zu. „Was um alles in der Welt habt ihr mit diesem Gesindel zu schaffen? Kommt sofort hierher! Wisst ihr nicht, was sich für Kinder eurer Herkunft gehört?"

„Das Losungswort heute Nacht heißt ‚Trampeltier'", flüsterte Ogotai den Geschwistern hastig zu. „Ihr müsst das Puzzle legen, sonst lässt man euch nicht ein."

„Was?" Ping verstand kein Wort. Doch der Junge hatte keine Zeit mehr zu erklären, was es mit dem Losungswort auf sich hatte. Fräulein Sun zog die Geschwister bereits laut schimpfend die Straße entlang.

Später am Abend, als Herr Wang in den Garten ging, um sich nach dem Essen die Füße zu vertreten, schlichen Ping und Meili heimlich in das Arbeitszimmer ihres Vaters. Ping wusste genau, wo dieser das Buch von Quinsai aufbewahrte, in dem, neben Zeichnungen der Sehenswürdigkeiten, auch ein Plan der Stadt abgebildet war. Er nahm es aus dem Regal und

legte es offen auf den Schreibtisch, sodass er und seine Schwester den Stadtplan betrachten konnten.

„Hier ist das nördliche Stadttor.“ Meili deutete stolz auf die Karte. „Und die dritte Brücke ist hier.“

Es dauerte nicht lange, und die Geschwister wussten genau, wohin sie zur Stunde der Ratte gehen mussten.

Wo liegt das Wirtshaus „Zu den Hundert Laternen“?

Kennwort Trampeltier

„Wir müssen uns unbedingt vor den Wachen, die an den Hauptbrücken stationiert sind, in Acht nehmen“, meinte Meili ernst.

Es war den Geschwistern gelungen, unbemerkt aus dem Haus zu schleichen. Jetzt schritten sie zügig eine Gasse entlang, die dem Lauf eines Kanals folgte. Bis auf die Wasserratten, die hin und wieder an ihnen vorbeihuschten und leise platschend im tiefschwarzen Wasser verschwanden, war niemand unterwegs.

„Nicht nur die könnten uns gefährlich werden“, ergänzte Ping. „Den Nachtwächtern, die die Straßen durchziehen, sollten wir ebenso aus dem Weg gehen. Wenn die uns erwischen, landen wir im Gefängnis.“

Meili schauderte. Auf eine Nacht im Gefängnis war sie gewiss nicht aus.

„Am nächsten Morgen“, fuhr Ping fort, „werden die Leute, die von der Wache während der Ausgangssperre aufgegriffen wurden, dem Gerichtshof vorgeführt. Das dürfen wir auf keinen Fall riskieren.“

Meili nickte stumm. Sie wollte sich die Reaktion ihres Vaters erst gar nicht ausmalen.

Schweigend eilten sie weiter, als plötzlich ein erbärmliches Kreischen die Stille der Nacht durchdrang. Gleich darauf folgte ein lang gezogenes, an- und abschwellendes Heulen. Den Geschwistern lief ein kalter Schauer über den Rücken.

„Sind das Dämonen?“, wisperte Meili kaum hörbar. Im nächsten Augenblick raste ein dunkler Schatten, dessen Augen wie Kohlen glühten, durch die Gasse.

„Nur eine Katze“, atmete Ping erleichtert auf.

Bald darauf erreichten sie eine unbewachte, kleinere Bogenbrücke, die sie überqueren mussten. Doch Ping blieb ruckartig stehen.

„Dort kommt jemand“, murmelte er.

Jetzt konnte auch Meili das Licht einer Laterne sehen, das sich auf sie zubewegte.

„Ein Nachtwächter“, keuchte sie. „Wir müssen uns verstecken.“ Sie blickte sich hastig um. Vor ihnen lag der Kanal mit der Brücke, hinter ihnen die Gasse mit Häusern, deren Türen und Läden verschlossen waren. Nirgendwo war auch nur der kleinste Winkel, der ihnen hätte Schutz bieten können.

„Komm, schnell!“, forderte sie ihren Bruder auf. „Der Kanal.“ Sie hatte dicht am Ufer Stufen entdeckt, die zum Wasser führten. Eilig stiegen die Geschwister hinab und duckten sich in den Schatten der Kanalwand. Gleich unter ihnen plätscherte das dunkle Wasser leise gegen die Steinstufen. Meili hielt sich die Nase zu. Es stank nach totem Fisch. Ein Stück den Kanal entlang klopfte ein leeres Boot, das an einem Eisenring festgebunden war, hohl gegen das Mauerwerk.

Plötzlich hielten die Schritte, die sich stetig genähert hatten, dicht neben ihrem Versteck. Der Lichtschein einer Laterne huschte über die Wasseroberfläche. Vermutlich hatte auch der Nachtwächter das Klopfen gehört. Die Kinder drückten sich dicht an die glitschigen Stufen. Dann, im nächsten Augenblick, versank der Kanal wieder in Dunkelheit, als der Mann seinen Weg fortsetzte. Seine Schritte verklangen in der Nacht.

Meili hockte immer noch wie versteinert auf den Stufen.

„Komm schon“, forderte Ping seine Schwester auf. „Wir müssen uns beeilen.“ Einen Augenblick später durchzog das Dröhnen eines Gongs die Stadt, die Stunde der Ratte hatte begonnen. „Der Reismarkt ist gleich hier um die Ecke“, fuhr der Junge fort.

Nur wenige Schritte später mündete die Straße tatsächlich auf einen großen, viereckigen Platz, der auf einer Seite von einem breiten Kanal begrenzt war und auf den anderen von geräumigen Warenhäusern. Der nächtliche Marktplatz lag verlassen in der Dunkelheit. Nur der Unrat des Vortages zeugte von dem Treiben, das hier gewöhnlich herrschte.

Ping blieb einen Augenblick stehen. „Hier lang“, meinte er schließlich, während er auf eine Straße deutete, die rechts vom Platz abzweigte.

Meili schüttelte heftig den Kopf. „Nein. Wir müssen nach links abbiegen. Da bin ich mir ganz sicher.“

Doch ihr Bruder bestand darauf, nach rechts zu gehen. Allerdings ging es schon bald nicht mehr weiter. Ein hohe Mauer versperrte ihnen den Weg.

„Habe ich’s dir nicht gesagt? Wir hätten gleich nach links gehen sollen!“

Eilig drehten sie um und schlugen den anderen Weg

ein. Wenig später hatten sie dann endlich das Wirtshaus „Zu den Hundert Laternen“ erreicht. Das große Gebäude, durch dessen mit Ölpapier bespannte Fenster rötliches Licht schimmerte, war nicht zu verfehlen. Wie es allerdings zu seinem Namen kam, war den Geschwistern ein Rätsel, denn neben dem Eingangstor hingen nur zwei Lampions. Trotz der späten Stunde schien hier noch immer einiges los zu sein – schon von Weitem hörte man gedämpfte Stimmen. Das Eingangstor war verschlossen. Im Laternenlicht konnte man die grimmige Abbildung eines Schutzgeistes erkennen, die am Türstock klebte, um böse Dämonen abzuwehren.

„Guck mal. Hier kann man ins Lokal schauen.“ Ping hatte ein Loch im Ölpapier des Fensters gleich neben dem Eingangstor entdeckt. Er pfiff leise durch die Zähne. „Nicht zu fassen“, murmelte er, als er die Männer sah, die mit Elfenbeinkarten spielten. „Und ich dachte, Kublai Khan hätte Glücksspiel verboten.“

Meili, die etwas kleiner war als ihr Bruder, stellte sich auf ihre Zehenspitzen, um ebenfalls einen Blick ins Lokal zu erhaschen. „Na, die Leute hier scheinen sich durch dieses Gesetz nicht stören zu lassen“, erwiderte sie kaum hörbar. Doch sie wollte viel lieber herausfinden, wo Bao abgeblieben war.

Ohne auf ihren Bruder zu warten, strebte sie dem Eingang zu. Aber bevor sie gegen die Tür hämmern konnte, hielt Ping sie zurück. Er war von der Idee, den Meister der Diebesgilde aufzusuchen, plötzlich nicht mehr überzeugt. Er hatte das unbestimmte Gefühl, sie würden mitten in ein Schlangennest treten.

„Was, wenn es sich doch um eine Falle handelt?“, wandte er leise ein. „Wer garantiert uns, dass Ogotai die Wahrheit gesprochen und nicht gelogen hat?“

„Ich traue ihm.“ Meili zweifelte nicht. Und ohne sich auf ihren Bruder einzulassen, klopfte sie an die Tür. Diese wurde gleich darauf von einem pockennarbigen Mann geöffnet.

„Was wollt ihr?“, fragte er grob.

„Wir haben einen Termin mit Heng Fu“, antwortete Meili selbstbewusst.

Der Mann musterte die Kinder argwöhnisch. Ihre seidenen Kittel verrieten nur zu deutlich, dass sie der Oberschicht angehörten. Reiche Gören, die zum Meister der Diebesgilde wollten? Er glaubte ihnen kein Wort.

„Tatsächlich?“, grinste er. „Dann sagt mir erst einmal das Kennwort.“

„Trampeltier“, antwortete Meili, ohne zu zögern.

Erstaunt hob der Torhüter eine Augenbraue. Er hatte nicht mit der korrekten Antwort gerechnet. Nachdenklich kratzte er sich an seinem glatt rasierten Schädel, dann ließ er die Kinder in einen kleinen Vorraum ein.

„Wartet hier", befahl er. Dann, nachdem er das Tor wieder geschlossen hatte, stellte er sich breitbeinig vor ihnen auf. Stumm zog er ein Blatt Papier aus seinem Ärmel und breitete es auf einem kleinen Tisch, gleich neben dem Eingang, aus. Man konnte darauf die Umrisse eines Kamels erkennen. Daneben warf er eine Handvoll kleiner Holztäfelchen: ein Quadrat, ein Trapez und mehrere verschieden große Dreiecke. Schließlich blickte er die Geschwister erwartungsvoll an.

Ein Siebenbrettspiel? Natürlich, das war es, was Ogotai gemeint hatte! Um eingelassen zu werden, sollten sie aus den Holzteilen ein Kamel legen.

Glücklicherweise kannten Ping und seine Schwester die Regeln des Spiels. Man musste stets alle sieben Teile verwenden, um damit vorgegebene Figuren zu legen. Sie wussten genau, wie man eine Frau mit Fächer legen konnte, einen laufenden Mann, eine Katze, einen Schwan ... Doch weder Ping noch Meili hatten damit je ein Trampeltier gelegt. Nachdenklich begannen sie, die Holztäfelchen auf dem Tisch hin und her zu schieben, bis sie zunächst ein Quadrat bildeten.

? *Wie legt man mit den sieben Teilen ein Trampeltier?*

In der Höhle des Löwen

„Folgt dem Alten“, hatte der Torhüter gesagt. „Er wird euch zu Heng Fu bringen.“ Er hatte einen Bediensteten herbeigerufen, der jetzt langsam vor den Geschwistern herschlurfte. Es ging erst mehrere Stufen hoch, dann einen Gang entlang, durch eine Schwingtür hindurch, bis sie einen geräumigen Innenhof erreichten. Wie in dem Raum, den sie durch das Fenster gesehen hatten, hockten hier Männer an Tischen, die alle ihrer Spielleidenschaft frönten. Da wurden Würfel gerollt, Dominosteine gelegt und Karten gezogen. Selbst auf den Balkonen, die den Innenhof säumten, konnte man weitere Glücksspieler sehen.

„Die hundert Laternen“, murmelte Ping leise, während er sich umsah. Tatsächlich hingen an den Balken unterhalb der Balustraden bunte Lampionketten.

Der Alte geleitete sie zwischen den Tischen hindurch, an einer breiten Treppe vorbei, die ins obere Stockwerk führte. Dicht dahinter ging es durch eine Tür, an der in großen Buchstaben „Privat“ stand, in einen weiteren Innenhof. Hier war es mit einem Mal still um sie, das Stimmengemurmel der Gäste verklang. Der Bedienstete schlurfte zur anderen Seite des Hofes und blieb vor einer Tür stehen. Doch bevor er anklopfen konnte, wurde sie bereits einen Spaltbreit geöffnet. Ein Jungengesicht erschien.

„Und ich dachte schon, ihr würdet euch nicht trauen herzukommen.“ Ein Struwwelkopf grinste sie frech an. „Willkommen in der Höhle des Löwen.“ Ogotai ließ die Geschwister eintreten, während sich der Hausdiener wortlos zurückzog.

Vor ihnen lag eine Übungshalle, die, bis auf ein paar Bänke entlang der Wand, unmöbliert war. Im fahlen Schein mehrerer Laternen konnte man auf der gegenüberliegenden Seite ein Sammelsurium der verschiedensten Waffen sehen: In Gestellen waren da Säbel, Schwerter, Speere, Hellebarden und Fechtstöcke aufgehängt. Auf einer Schilfmatte in der Mitte der Halle fand gerade ein Stockkampf statt. Zwei Männer, einer der beiden groß und kräftig, der andere klein und flink, schwangen kunstvoll Langstöcke durch die Luft. Nie wichen sie den gegnerischen Hieben aus, sondern fingen sie stets ab, indem sie geschickt ihre Waffen kreuzten. Nur das Klappern der Stöcke und das Keuchen der Kämpfer waren zu hören.

„Genug für heute“, meinte der größere der Männer schließlich, während er seinen Langstock einem Bediensteten reichte und sich mit einem Handtuch den

Schweiß von der Stirn wischte. Erst nachdem er seine zotteligen Haare mit einem roten Band hochgebunden und die Augenklappe, die er über einem Auge trug, zurechtgerückt hatte, wandte sich der Meister der Diebesgilde seinen beiden Besuchern zu.

„Wo ist Bao?“, fragte Meili, noch bevor er das Wort ergreifen konnte. Sie hatte den Jungen hier erwartet und war enttäuscht, dass sie ihn nirgendwo sah.

Der Meister der Diebe runzelte die Stirn, während er das Mädchen grimmig mit seinem gesunden Auge musterte. Vorlaute Kinder mochte er nicht.

„In Sicherheit“, antwortete er kurz. „Und wenn du

mich nicht unterbrichst, können wir vielleicht zur Sache kommen." Er hielt einen Augenblick inne, bevor er fortfuhr: „Bao kam gestern zu mir und bat mich um Schutz – Verwandtschaft", fügte er erklärend hinzu. „Er ist der Sohn meines Vetters zweiten Grades. Wie es die Götter so wollen, hat der Junge im Haus des Präfekten einen Dieb auf frischer Tat ertappt. Die Person war ihm wohlbekannt, und er wollte Alarm schlagen. Allerdings kam er nicht dazu. Der Verbrecher setzte ihm ein Messer an den Hals und drohte dem Jungen, ihm und seiner Familie Schlimmes anzutun, sollte er den Dieb verraten."

„Und?", fragte Meili neugierig. „Wer war der Mann?"

„Keine Ahnung. Nichts, aber auch gar nichts bringt den Jungen dazu zu verraten, wer es war."

„Er hat schreckliche Angst", fügte Ogotai leise hinzu, „dass der Dieb seiner Familie etwas antun könnte."

Heng Fu nickte. „Alles, was wir ihm entlocken konnten, war, dass es sich beim Verbrecher um eine Person aus dem Haus des Präfekten handelt."

„Der fremde Teufel!", entfuhr es Meili.

„Möglicherweise", meinte Heng Fu. „Doch es kommen noch zahlreiche andere Personen infrage: der Gärtner, der Koch, die Dienstmädchen, der Torhüter ... Der Präfekt hat mindestens ein Dutzend Angestellte." Heng

Fu strich mit Daumen und Zeigefinger sein spitz zulaufendes Ziegenbärtchen glatt. „Doch hier kommt ihr mit ins Spiel!“

„Wir?“ Ping verstand nicht.

„Ihr wohnt doch im Nachbarhaus. Der ideale Ort, um Nachforschungen anzustellen. Niemand würde zwei neugierige Kinder verdächtigen.“

Die Geschwister blickten den Mann fassungslos an.

„Wenn Bao hier in Sicherheit ist“, meinte Meili schließlich, „kann es Ihnen doch egal sein, wer der Dieb ist. *Er* hat den Präfekten bestohlen, nicht Sie.“

„Jeder Dieb in Quinsai", erklärte Heng Fu grimmig, „zahlt mir ein Schutzgeld. Als Gegenleistung schützt ihn die Diebesgilde. Diese Person hat jemanden bestohlen, ohne mir meinen Anteil der Beute zu geben. Das kann ich auf keinen Fall durchgehen lassen."

„Aber das hat mit meiner Schwester und mir nichts zu tun!", entgegnete Ping schlagfertig.

„Hat es sehr wohl. Oder wollt ihr, dass ich eurem Vater, dem verehrten Kanalaufseher Wang, berichte, wo ihr euch zur Stunde der Ratte herumtreibt? Außerdem", fügte Heng Fu hinzu, „wollt ihr doch, dass Baos Unschuld bewiesen wird und er sich in Zukunft wieder ohne Angst in Quinsai bewegen kann, oder?"

„Es bleibt uns wohl nichts anderes übrig, als zu tun, was Heng Fu von uns verlangt", meinte Ping niedergeschlagen, als die Geschwister nach Hause eilten.

„Stimmt", erwiderte Meili. „Allerdings ist es immer noch besser, einen Dieb aufzuspüren, als Vaters Zorn zu ertragen." Dann gähnte sie ausgiebig.

Der Heimweg zum Hügel der Tausend Pinien schien unendlich. Immer wieder verliefen sich die Geschwister. Als sie endlich die Kaiserstraße erreichten, begann es im Osten, bereits hell zu werden.

„Wir müssen uns sputen", drängte Ping seine

Schwester. „Fräulein Sun wird bald in unsere Zimmer kommen, um uns zu wecken. Was, wenn sie unsere Betten leer vorfindet?“

„Ich lauf ja schon, so schnell ich kann“, stöhnte Meili.

Um sie herum erwachte bereits die Stadt aus dem Schlaf. Ein alter Mann mit gebeugtem Rücken schob gerade die faltbare Holztüre, die nachts seinen Laden versperrte, auf die Seite. Es war ein Pfandhaus.

Plötzlich blieb Meili ruckartig stehen.

„Guck dir das an!“, rief sie und war mit einem Mal hellwach. Im Halbdunkel konnte man ein buntes Warensortiment erkennen. Da stand ein dicker Jade-Buddha neben Vasen in jeder Größe. Davor lagen kleine Gegenstände: eine geschnitzte Schatulle aus Rosenholz, ein Teeservice und eine Schale, in der mehrere Zierkämme ausgestellt waren.

„Wurde hier gestern eine Vase mit einem Drachen verpfändet?“, wandte sich Meili an den alten Mann.

„Das kann ich euch nicht sagen“, antwortete er. „Ich war gestern nicht hier, und mein Sohn, der sich gestern um den Laden kümmerte, ist bis nächste Woche verreist.“ Dann wies er mit einer Handbewegung auf die Auslage. „Doch Vasen haben wir viele.“

„Los, komm schon.“ Ping verstand nicht, was seine Schwester an dem Leihhaus so faszinierte.

Doch Meili blieb beharrlich stehen. „Der Dieb war hier“, erklärte sie. „Er hat die Vase des Präfekten verpfändet!“

„Woher willst du das wissen?“ Ping ließ seinen Blick ungeduldig über die Auslage schweifen. „Die Vasen sehen alle gleich aus. Alle sind mit Drachen verziert.“

Aber Meili war sich sicher. Sie wusste genau, was die kaiserliche Vase von den anderen unterschied.

? *Welche Vase gehört dem Präfekten?*

Ermittlungen im Nachbarhaus

„Ich habe schon geglaubt, dass dieser Morgen überhaupt kein Ende nimmt“, stöhnte Ping, als er sich am Nachmittag mit seiner Schwester im Garten traf. „Du hast es gut. Meister Wu drangsaliert dich nicht mit Schriftzeichen und dem Abakus.“

„Gut?“ Meili schaute ihren Bruder verwundert an. „Hast du schon mal versucht, bei dieser Hitze Seidengarn in eine Nadel zu fädeln und damit Blütenblätter zu sticken? Ich jedenfalls musste damit den ganzen Morgen verbringen.“ Sie hockte sich auf einen Stein am Rande des Teichs, wo es schattig und kühl war.

„Zum Faulenzen haben wir jetzt keine Zeit“, erinnerte sie Ping. „Wir müssen einen Auftrag erfüllen.“

„Denkst du etwa, das hätte ich vergessen?“, fuhr Meili ihn an. „Aber erst müssen wir uns doch beraten, wie wir dabei vorgehen. Ob es sich beispielsweise lohnt, zurück zum Pfandhaus zu gehen und den Alten nochmals nach dem Verkäufer der Vase zu befragen.“

„Reinste Zeitverschwendung.“ Ping schüttelte den Kopf. „Der alte Mann hat uns bereits gesagt, dass er nichts weiß und dass sein Sohn erst nächste Woche wieder im Laden sein wird.“

„Und was schlägst du vor?“

„Wir befragen den Torhüter des Präfekten. Immerhin bewacht der Tag und Nacht den Eingang. Dabei muss ihm doch etwas aufgefallen sein.“

Wenig später stiegen die Geschwister die Stufen zum Nachbarhaus hoch. Auf beiden Seiten des Portals standen kleine Steinlöwen. Auch der Türklopfer hatte die Form eines Löwenkopfes. Ping holte tief Luft, bevor er den schweren Bronzering anhob und ihn auf das Tor fallen ließ. Die eine Hälfte des Doppeltors öffnete sich sogleich leise quietschend.

„Womit kann ich dienen?“, fragte der Torhüter, der wohl einen wichtigeren Besucher erwartet hatte, förmlich. Doch dann erkannte er die beiden Nachbarskinder. „Ach, ihr seid es nur. Was wollt ihr?“

„Vater schickt uns“, log Ping. „Er macht sich große Sorgen wegen des Einbruchs. Er befürchtet, dass der Dieb es das nächste Mal bei uns versuchen könnte.“

„Und wieso erzählt ihr mir das?“, brummte der stämmige, kleine Mann gereizt. „Ich habe Besseres zu tun.“

„Vater will Sicherheitsvorkehrungen treffen“, fuhr Ping uneingeschüchtert fort. „Er würde deshalb gerne wissen, wie der Dieb ins Haus gelangte, ohne dass Sie es bemerkten.“

„Ich habe ihn nicht bemerkt, weil er nicht durch den Haupteingang gekommen ist.“

„Aber vielleicht ist er auch an Ihnen vorbeigeschlichen“, schlug Meili vor. „Oder schlafen Sie nie?“

„Natürlich. Doch dazu breite ich meine Schilfmatte in der Halle quer vor der Tür aus. Wer rein- oder rauswill, muss mich wecken. Und Bao, dieser Lausejunge, hat die Pforte im hinteren Garten benutzt.“

„Pforte im hinteren Garten?“ Ping hatte dort noch nie eine Pforte gesehen.

„Die wird schon seit Jahren nicht mehr benutzt“, erklärte der Mann. „Sie ist von Gebüsch überwuchert.“

Er hielt einen Augenblick inne, dann fuhr er fort: „Richtet Kanalaufseher Wang aus, solange alle Zugänge zu seinem Haus gut verriegelt und bewacht sind, braucht er sich keine Sorgen zu machen. Vor allem nicht, wenn er seinem Hauspersonal trauen kann."

„Nur noch eine Frage." Meili lächelte den Mann freundlich an. „Ist es möglich, dass Herr Polo in der betreffenden Nacht nochmals spät ausging?"

„Herr Polo?" Der Torhüter klang erstaunt. „Nein, der geht mit den Hühnern schlafen. Und jetzt verschwindet! Ich habe zu tun." Er schlug den Kindern die Tür vor der Nase zu.

„Das hat uns nicht gerade weitergebracht", seufzte Meili. „Und was jetzt? Wenn wir nicht bald herausfinden, wer der Dieb ist, wird uns Heng Fu an Vater verraten."

„Keine Sorge", tröstete Ping seine Schwester. Er hockte sich auf die Stufen vor dem Haus des Präfekten. „Hier geht ständig Personal ein und aus. Wir befragen einfach die nächste Person, die herauskommt."

Die Geschwister mussten nicht lange warten, da schlüpfte schon Dai Ling fröhlich summend durch die Tür. Verwundert blickte sie die Nachbarskinder an.

„Was macht ihr denn hier?"

„Guten Tag, Fräulein Dai", begrüßte Ping die Hausangestellte. „Hat man den Dieb inzwischen gefasst?“ Er wusste genau, wie neugierig die Frau war und wie gerne sie plauderte.

„Nein, Bao ist immer noch flüchtig“, antwortete sie kopfschüttelnd. „Wer hätte das gedacht? So ein netter und gewissenhafter Junge ...“

„Ist Ihnen denn in der Nacht des Einbruchs nichts Verdächtiges aufgefallen?“, fiel ihr Meili ins Wort.

„Nein, da hätte ich ja gleich den Präfekten alarmiert. Doch meine Kammer liegt im Hinterhof, wo die Hausangestellten untergebracht sind. Da bekommt man nicht mit, was im Haupthaus vor sich geht“, erklärte sie. „Der Herr Präfekt hat das absichtlich so geregelt, damit die Herrschaften nicht von uns gestört werden.“

Enttäuscht wollten die Geschwister die Befragung aufgeben, als Dai Ling fortfuhr. „Aber jetzt, wo ich's mir genauer überlege, war da doch etwas, was mir merkwürdig vorkam. Allerdings erschien es mir nicht wichtig genug, um den Präfekten deshalb zu wecken. Ich bin mitten in der Nacht aufgewacht und konnte nicht mehr einschlafen. Die Hitze und die Stechfliegen sind um diese Jahreszeit einfach unerträglich.“

„Und?“ Meili und Ping blickten die Frau erwartungsvoll an.

„Wie gesagt, ich bin aufgewacht, und da habe ich gehört, wie das Tor zur Straße geöffnet wurde. Es quietscht“, fügte sie erklärend hinzu. „Gleich darauf schlug es laut krachend wieder zu. Jetzt weiß ich natürlich, dass es Bao war, der sich mit seiner Beute aus dem Staub machte.“ Sie zupfte an ihren Ärmeln. „Aber was rede ich da so viel. Ich habe Besorgungen zu machen." Sie verbeugte sich und eilte die Straße Richtung Stadt davon.

Kaum war Dai Ling verschwunden, öffnete sich das Tor abermals. Sekretär Xu trat auf die Straße.

„Guten Tag, ihr beiden", begrüßte er die Geschwister, wie immer freundlich lächelnd und gut aufgelegt.

„Guten Tag, Sekretär Xu." Beide verbeugten sich, um ihren Respekt zu zeigen.

Plötzlich war Meili klar, was sie tun musste. Und ohne sich mit Ping zu besprechen, entschloss sie sich kurzerhand, eigenständig zu handeln.

„Sekretär Xu“, meinte sie höflich, „wir sind in Schwierigkeiten, doch vielleicht können Sie uns helfen.“

Der junge Mann musterte die Geschwister besorgt. „Soweit es in meiner Möglichkeit steht, würde ich alles für euch tun. Um was geht es denn?“

„Um Bao und den Einbruch.“

Ping warf seiner Schwester einen erstaunten Blick zu. Was, um alles in der Welt, hatte sie vor? Doch dann verstand er. Sie wollte Sekretär Xu einweihen. Der Mann arbeitete für den Präfekten, die Geschwister kannten ihn schon lange und vertrauten ihm. Er könnte sich problemlos im Haus des Präfekten umhören.

„Den Einbruch und Bao?“ Sekretär Xu stutzte. „Wisst ihr etwa, wo der Junge abgeblieben ist?“

„Bao ist unschuldig“, klärte ihn das Mädchen auf. „Er hat den Einbrecher auf frischer Tat ertappt, doch der bedrohte ihn. Nur deshalb ist er davongelaufen.“

„Wie bitte?“ Der junge Mann traute seinen Ohren nicht.

Und dann berichteten die Kinder von Anfang an, was sie erlebt hatten: vom Diabolo im Teich, von der verhüllten Gestalt im Garten, vom nächtlichen Ausflug zum Meister der Diebe, von Baos Aussage, dass sich der Dieb im Haus des Präfekten aufhielt.

„Bis auf den Präfekten und seine beiden Frauen“, schloss Ping den Bericht, „könnte jeder als Dieb infrage kommen – einschließlich Herrn Polo.“

Sekretär Xu schüttelte fassungslos den Kopf. „Von jetzt an werde ich den Fall in die Hand nehmen. Und macht euch keine Sorgen“, beruhigte er die Kinder. „Euer Geheimnis ist bei mir in Sicherheit.“

„Hervorragende Idee, Sekretär Xu einzuweihen“, lobte Ping seine Schwester, als die beiden kurz darauf wieder unter den schattigen Weiden im elterlichen Garten saßen. „Allerdings“, fuhr der Junge fort, „hätten wir ihm auch sagen sollen, dass die Aussagen vom Torhüter und von Dai Ling nicht übereinstimmen.“

„Wieso?“ Meili verstand nicht.

„Einer der beiden hat gelogen“, erklärte ihr Bruder. „Und ich weiß, wer.“

? *Was ist Ping aufgefallen?*

Ausflug zum Westsee

Meili schlüpfte aus ihren Seidenpantoffeln und tauchte ihre Füße in den Teich. „Aber Dai Ling ist eine Frau!“, protestierte sie voller Entsetzen. Sie wollte es einfach nicht wahrhaben, dass die Freundin ihrer Kinderfrau in den Diebstahl verwickelt sein sollte.

„Na und?“, entgegnete Ping. Auch er zog seine Schuhe aus und begann, mit den Füßen im kühlen Wasser zu planschen. „Wir haben automatisch angenommen, dass es sich bei der verhüllten Gestalt um einen Mann handelt. Doch es hätte ebenso gut eine Frau sein können.“

„Stimmt“, gab das Mädchen schließlich zu. „Dai Ling ist für eine Frau tatsächlich ungewöhnlich groß. Wenn man ihr Gesicht nicht sieht, könnte man sie jederzeit für einen Mann halten.“ Doch im nächsten Augenblick bezweifelte sie diesen Verdacht schon wieder. „Vielleicht wollte sie sich aber auch nur wichtig machen. Du weißt doch, wie gerne sie redet.“

„Auf jeden Fall hat sich Dai Ling mit ihrer Aussage verdächtig gemacht. Aber wir brauchen noch mehr Beweise“, überlegte Ping, während er einen Goldfisch, der an seinen Zehen nagte, mit dem Fuß verjagte.

Meili wollte dem noch etwas hinzufügen, doch sie kam nicht dazu. „Guck mal, wer mit Vater im Pavillon sitzt“, meinte sie nur, während ihre gewöhnlich roten Wangen vor Aufregung alle Farbe verloren.

Für einen Augenblick war Ping überzeugt, Heng Fu, der Meister der Diebesgilde, würde seinem Vater im Gartenhäuschen gegenübersitzen. Erst als er genauer hinsah, konnte er im Schatten Herrn Polo erkennen.

„Wir sollten uns heranschleichen, um das Gespräch zu belauschen", flüsterte er. „Immerhin ist der fremde Teufel neben Dai Ling momentan unser Hauptverdächtiger."

„Meinst du tatsächlich, dass uns das weiterbringt?", erwiderte seine Schwester. „Wenn er wirklich der Dieb ist, wird er es sicher nicht aller Welt verkünden."

„Natürlich nicht. Aber er könnte sich durch sein Verhalten oder durch unbedachte Gesten verraten."

Dagegen hatte auch Meili nichts einzuwenden, und einen Augenblick später kauerten die Geschwister im Gebüsch, dicht neben dem Pavillon.

„Quinsai ist wahrhaft die prächtigste Stadt der Welt", erklärte Herr Polo gerade mit seinem fremdländischen Akzent. „Die breiten Kanäle, die Prachtstraßen, die Brücken und die Paläste sind unbeschreiblich. Sie erinnern mich alle ein wenig an meine Heimatstadt Venedig." Mit sehnsüchtigem Blick hob er seine Teeschale und trank einen Schluck Jasminblütentee.

„Wir nennen sie die Himmelsstadt", erwiderte der Vater stolz. „Ihr Glanz zieht alljährlich unzählige Reisende an. Haben Sie schon viele Sehenswürdigkeiten hier besichtigt?"

Der Fremde nickte. „Erst gestern hat mich ein Bekannter von Präfekt Tien durch das ehemalige Palastgelände geführt. Obwohl viele der Gebäude halb eingestürzt sind, kann man die einstige Pracht noch gut erkennen."

Herr Wang nickte. „Der Palast und seine Gartenanlagen waren berühmt in ganz Südchina, doch der von den Tataren eingesetzte Vizekönig scheint sich leider nicht für derartige Dinge zu begeistern." Er steckte sich einen gerösteten Kürbiskern zwischen die Zähne. „Hat man Ihnen schon den Westsee gezeigt?"

„Ich habe davon gehört. Er soll eine wahre Perle sein. Doch ich war noch nicht dort."

„Was? Na, dem müssen wir sofort Abhilfe schaffen.“ Herr Wang verschränkte seine Arme in den langen Ärmeln. „Haben Sie morgen Zeit?“, fragte er kurz entschlossen.

„Bisher habe ich noch nichts geplant.“

„Gut, dann lade ich Sie zu einem Bootsausflug auf dem Westsee ein – und Ihren Gastgeber, Herrn Tien, natürlich auch.“ Er hielt einen Augenblick inne. „Wissen Sie, was? Präfekt Tiens Frauen und sein Sekretär können auch mitkommen, und ich bringe meine Frau und die Kinder mit. Was halten Sie davon?“

„Ein solches Angebot kann ich wohl kaum abschlagen“, erwiderte Herr Polo erfreut, und er bedankte sich für die Einladung.

Ping stieß seine Schwester grinsend in die Rippen. Welch einmalige Gelegenheit, mehr über den fremden Teufel zu erfahren!

Am Nachmittag des folgenden Tages versammelte sich die Ausflugsgesellschaft an der Mole am Seeufer, wo ein Vergnügungsboot neben dem anderen leise im Wasser schaukelte. Der „Goldene Kranich“, die Barke, die Herr Wang gemietet hatte, war ein flaches, etwa fünfzehn Schritte langes Boot. Ein hausartiger Aufbau auf dem Deck schützte die Passagiere davor, von der Sonne verbrannt oder an Regentagen durchnässt zu werden. Die Seiten der Barke waren offen, damit jeder die Szenerie des Sees genießen konnte.

„Welch hervorragende Idee, Herr Wang“, meinte Präfekt Tien, während er seiner Hauptfrau auf den Steg half. „Ein optimaler Nachmittag für einen Bootsausflug.“

„Gefolgt vom bestmöglichen Abend“, lächelte der Vater. „Es ist Vollmond. Da kann Herr Polo später den unvergleichlichen Anblick des Mondes genießen, der sich auf dem glatten See widerspiegelt. Ein Schauspiel, das sich niemand entgehen lassen sollte.“

Außer Präfekt Tien und seinen beiden Frauen hatten sich Herr Polo, Herr und Frau Wang und natürlich Ping und Meili eingefunden. Leider musste der nette Sekretär Xu im letzten Augenblick absagen. Ihm war etwas Wichtiges dazwischengekommen.

Stattdessen hatte sich Dai Ling der Reisegruppe

angeschlossen, denn man konnte von den Frauen des Präfekten kaum erwarten, dass sie einen ganzen Nachmittag ohne Zofe auskamen.

Ping zwinkerte seiner Schwester aufgeregt zu. Doch Meili, immer noch davon überzeugt, dass die Frau unschuldig war, ignorierte ihn.

„Ist es nicht wunderschön hier", bemerkte sie stattdessen. Sie hielt sich schützend die Hand vor die Augen, um den See, dessen Oberfläche in der Sonne glitzerte, zu betrachten. Auf der anderen Seite konnte man den Su-Deich mit seinen sechs geschwungenen Brücken erkennen. Dahinter erhoben sich die nördlichen Berge.

Ping war nicht an dem See interessiert. Er wollte Verbrecher beschatten. Gerade als er seinen Fuß auf die Gangplanke setzte, spürte er, wie jemand an seinem Kittel zupfte. Ein Junge, nicht älter als sechs Jahre, schob ihm einen zusammengefalteten Zettel in die Hand.

„Geheimbotschaft“, flüsterte er kaum hörbar, und noch bevor Ping ihn fragen konnte, wer ihn geschickt hatte, war der Junge bereits wieder verschwunden. Ohne das Blatt zu öffnen, schob Ping es zunächst in seinen weiten Ärmel. Er wollte einen Augenblick abwarten, in dem er die Nachricht unbemerkt lesen konnte. Erst als der „Goldene Kranich“ abgelegt hatte und die Erwachsenen nur noch Augen für die Aussicht hatten, zog der Junge seine Schwester zur Seite.

„Jemand hat mir dies zugesteckt“, flüsterte er, während er den Zettel auseinanderfaltete.

Meili blickte über seine Schulter. „Eine Karte vom Westsee“, stellte sie staunend fest. „Sieht fast so aus, als hätte sie jemand aus einem Buch gerissen.“

„Auf der Rückseite steht eine Nachricht.“ Ping hatte das Blatt umgedreht.

„Na los“, forderte ihn Meili ungeduldig auf. „Lies schon vor!“

„An Ping und Meili“, begann der Junge mit leiser Stimme. „Treffen uns bei Sonnenuntergang an der Pagode, die westlich der Stadtmauer liegt, südlich der nördlichen Gipfel, östlich der sechs Brücken, einem Tempel genau gegenüber. Äußerst wichtig! Heng Fu und Bao.“

„Wie stellen die sich das so einfach vor?“, schimpfte Meili. „Wir können uns doch nicht absetzen, um allein zu einer Pagode zu gehen!“

Ping musterte die Karte. „Außerdem wissen wir nicht mal, um welche Pagode es sich handelt“, brummte er. „Hier sind vier Pagoden eingezeichnet.“

„Das wäre das kleinere Problem“, erwiderte seine Schwester. „Immerhin haben sie uns genaue Anweisungen gegeben. Lies den Text noch mal vor.“

Tatsächlich dauerte es nicht lange, und die Kinder wussten, wo der Treffpunkt war. Wie sie allerdings dorthin kommen sollten, war eine andere Frage.

? *Um welche Pagode handelt es sich?*

Die Leifeng-Pagode am Abend

„Eure Mutter sorgt sich, dass ihr euch in der Sonne die Haut verbrennt.“ Ping und Meili standen immer noch über die Karte gebeugt, dicht an der Reling, als direkt hinter ihnen die Stimme von Herrn Wang ertönte. Gerade noch rechtzeitig schob der Junge die Geheimbotschaft in seinen Ärmel, während Meili ihren Vater mit unschuldigen Augen anblickte.

„Wieso setzt ihr euch nicht zu uns?“ Herr Wang deutete auf die Tische und Bänke, die unter der Überdachung standen. „Es ist viel angenehmer, die Landschaft im kühlen Schatten zu bewundern.“

Zwar gesellten sich die Geschwister zu den Erwachsenen, doch die Aussicht war ihnen egal. Meili zerbrach sich den Kopf, wie sie es schaffen könnten, zum Treffpunkt zu gelangen, und Ping ließ Dai Ling und Marco Polo nicht aus den Augen.

Währenddessen glitt das Boot langsam über den spiegelglatten See. Kein Lüftchen regte sich. Nur hin und wieder segelten Kormorane vorbei, die schließlich im Wasser landeten und elegant untertauchten.

„Fantastisch!“, rief Marco Polo sichtlich beeindruckt. Sie waren inzwischen ein Stück auf den See hinausgefahren, und der Fremde hatte erstmals seinen Blick zurück zur Stadt gewandt. Längs des Ufers erhoben sich, von einem Ende des Sees zum anderen, die Paläste, Tempel, Klöster und Gärten Quinsais in all ihrer Pracht. „Es ist wahrlich ein Paradies auf Erden!"

„Wir steuern zunächst eine der Inseln an", erklärte Herr Wang seinen Gästen, dann wandte er sich an Herrn Polo: „Dort steht ein Tempel, den ich Ihnen gerne zeigen möchte. Anschließend können wir in eines der Teehäuser einkehren." Er lächelte. „Ohne den berühmten Drachenbrunnentee gekostet zu haben, ist ein Ausflug zum Westsee unvollständig."

„In der Tat", stimmte der Präfekt zu. „Der beste Tee Chinas, smaragdgrün, süß duftend und nur mit Quellwasser gekocht. Wissen Sie, dass er früher dem Kaiser als Tribut geliefert wurde?"

Bevor Marco Polo sein Staunen ausdrücken konnte, fuhr Herr Wang schon fort. „Später, wenn die Sonne tiefer am Himmel steht, werden wir Kurs auf die Leifeng-Pagode nehmen. Sie ist eine der zehn Sehenswürdigkeiten in Quinsai, die jeder Reisende unbedingt sehen sollte. Dazu brauchen wir nicht einmal an Land zu gehen, denn vom See aus haben wir eine viel bessere Sicht. Wir werden den Sonnenuntergang an Bord der Barke genießen, während mein Koch Ihnen alle möglichen Spezialitäten serviert: sauren Fisch nach Westsee-Art, zartes Huhn mit Lotusblättern ..."

„Hast du das gehört?", wisperte Meili aufgeregt.

Ping nickte. „Ja, lecker! Saurer Fisch, meine Lieblingsspeise."

„Nein, du Dummkopf!“, fuhr sie ihn an. „Ich meine die Pagode. Wir werden genau zum richtigen Zeitpunkt dort eintreffen, um Heng Fu und Bao zu treffen. Ist das nicht eine einmalige Gelegenheit?“

„Ach ja? Und wie willst du an Land kommen? Schwimmen?“

„Überlass das nur mir“, grinste sie. „Ich habe schon eine Idee.“

Einige Stunden später näherte sich die Barke mit der fröhlichen Gesellschaft der Leifeng-Pagode. Die Umrisse des fünfeckigen Turms hoben sich gegen den von der untergehenden Sonne rot gefärbten Himmel scharf ab. Doch Meili hatte keine Augen für den einmaligen Anblick. Sie hatte andere Pläne.

„Ich bin so müde“, seufzte sie gähnend, obwohl dies sehr unhöflich war. „Dauert es noch lange?“

Der Vater, vom Reiswein angeheitert, lächelte verständnisvoll. „Du musst dich nur noch eine Weile gedulden“, vertröstete er sie. „Wir wollen doch den Mondaufgang nicht versäumen.“

„Ich kann meine Augen kaum noch offen halten“, gähnte Meili abermals. „Könntest du Ping und mich nicht am Ufer absetzen? Von dort ist es nicht weit bis zum Stadttor und zu unserem Haus.“

Obwohl Frau Wang ihre Einwände hatte, die Kinder alleine gehen zu lassen, gab der Vater dem Bootsmann den Befehl, das Boot zum Ufer zu lenken. „Geht geradewegs nach Hause, und sprecht mit niemandem!“, rief er ihnen nach, während der „Goldene Kranich“ schon wieder wendete und auf den See hinausglitt.

„Du bist einmalig!“ Ping war echt beeindruckt.

Wenig später hasteten die beiden die steilen Stufen zur Pagode hoch, die verlassen in der Abendsonne stand. Die Mönche, die sich tagsüber darum kümmerten, hatten sich bereits ins nahe gelegene Kloster zurückgezogen.

„Kannst du dich an die Geschichte von der Schlangenfrau erinnern?“, fragte Meili ihren Bruder.

„Klar. Ein Mönch hat sie im Kellergewölbe der Leifeng-Pagode eingesperrt, weil er überzeugt war, sie sei eine Hexe."

„Ob sie dort immer noch gefangen gehalten wird?" Meili schauderte.

„Das ist doch nur ein Märchen", beruhigte Ping sie. „Die Mönche bewahren dort Reliquien, keine Hexen auf." Doch ganz geheuer war es auch ihm nicht, als er durch eine angelehnte Tür in das Gebäude trat.

„Bao!", rief er. Doch seine Stimme hallte ohne Antwort gespenstisch im Turm wider.

„Wo sind sie nur?", wunderte sich Meili, die ihrem Bruder trotz aller Bedenken gefolgt war. Im Halbdunkel konnte man nur eine Wendeltreppe ausmachen, die ins nächste Stockwerk der Pagode hochführte.

Plötzlich schlug die Tür hinter ihnen zu.

„So ein Mist", fluchte Ping. „Man hat uns in eine Falle gelockt. Habe ich es nicht gleich gesagt, dass man dem Meister der Diebesgilde nicht trauen kann?" Er rüttelte an der Tür, doch wie sehr er sich auch anstrengte, sie blieb verschlossen.

„Komm, schnell!" Meili hatte eine Idee. Sie packte ihren Bruder

am Arm und tastete sich im Dunkeln die Stiegen hoch. Es dauerte nicht lange, und sie hatten eine Maueröffnung erreicht, durch die die rot glühenden Strahlen der untergehenden Sonne schimmerten. Die Treppe führte auf einen der Balkone, die die Pagode umspannten. Meili hastete zum Geländer. Zwar konnte sie niemanden sehen, doch die Stimmen direkt unter ihr waren klar und deutlich zu vernehmen.

„Und was steht als Nächstes auf dem Plan?"

„Zum Wirtshaus ‚Zu den Hundert Laternen' natürlich. Wir wollen doch nicht, dass uns der Küchenjunge im letzten Augenblick unsere Pläne durchkreuzt."

Und dann sah man zwei Männer die Stufen zur Uferstraße hinabeilen. Einer von beiden war Sekretär Xu.

„Das kann doch nicht wahr sein!", stieß Ping hervor. „Wir müssen so schnell wie möglich raus hier, um Bao zu warnen."

„Und wie sollen wir das schaffen?" Meili blickte übers Geländer. „Der Balkon ist zu hoch, und die Tür ist versperrt."

„Ich kann euch helfen!", erklang eine helle Stimme von unten. Ein Junge war aus dem Schatten eines Baumes getreten. Er hatte von dort alles beobachtet und gesehen, wie die Pagode verschlossen wurde.

„Ogotai?“ Meili traute ihren Augen nicht. „Was machst du denn da?“

„Das erkläre ich euch später. Erst muss ich hier ein riesiges Schloss knacken.“

„Wie schaut es aus?“, fragte Ping, gleich bei der Sache.

„So eines mit Zahlen, die man drehen kann“, erklärte der Straßenjunge, während er das Schloss untersuchte. „Die ersten fünf klemmen. Nur die letzten beiden lassen sich verschieben.“

„Wie lauten die Zahlen?“ Ping wusste genau, wie solche Schlösser funktionierten, meist folgten sie einem verzwickten Zahlencode. Ping kannte derartige Codes aus dem Mathematikunterricht zur Genüge.

„Keine Ahnung“, erwiderte Ogotai. „Ich kann zwar bis 20 zählen und auch etwas rechnen, doch lesen kann ich leider nicht.“

„Hast du noch den Zettel, auf dem du mir letzte Woche gezeigt hast, wie man Zahlen schreibt?“, mischte sich Meili ein.

Ping kramte in seiner Hosentasche, bis er endlich eine zerknüllte Papierkugel hervorzog. „Hier sind die Zahlen von eins bis zehn hintereinander aufgelistet“, erklärte er Ogotai, während er den Zettel hinabwarf. „Damit kannst du entschlüsseln, wie die Ziffern auf dem Schloss lauten.“ Er überlegte einen Augenblick. „Danach helfe ich dir, die letzten Ziffern der Zahlenreihe richtig zu ergänzen.“

„Halt, nicht so schnell.“ Ogotai konnte dem nicht folgen.

„Also“, erklärte Ping langsamer. „Es ist ganz einfach. Sobald wir die Zahlen auf dem Schloss kennen, überprüfen wir, ob sie einem bestimmten Muster folgen. Wenn sie das tun, ist es leicht auszurechnen, wie die letzten Ziffern lauten müssen. Da die ersten Glieder des Schlosses klemmen, müssen die Ziffern darauf ja bereits in der richtigen Reihenfolge stehen.“

„Die erste Zahl auf der linken Seite ist eine Eins“, verkündete Ogotai nach einer Weile stolz. Schon bald hatte er auch die anderen Zahlen entschlüsselt. Jetzt brauchten sie nur noch die fehlenden Ziffern der Zahlenreihe auszurechnen, um das Schloss zu knacken.

Wie müssen die letzten beiden Ziffern lauten?

Feuerwerk über der Stadt

„Wir müssen sofort zum Wirtshaus ‚Zu den Hundert Laternen'", drängte Meili, als sie mit Ping aus der Pagode in die Dämmerung trat. „Bao ist in großer Gefahr." Ohne auf die Jungen zu warten, sprang sie die Stufen zur Uferstraße hinab.

„Wieso?", wunderte sich Ogotai, der sie schnell eingeholt hatte. Obwohl er von seinem Versteck aus gesehen hatte, wie Sekretär Xu und sein Gehilfe die Geschwister in den Turm sperrten, war er nicht nahe genug gewesen, um das Gespräch zu verstehen.

„Sekretär Xu ist der Dieb", begann Meili zu erklären, ohne ihren Schritt zu verlangsamen. „Dummerweise haben wir ihm vertraut und ihm gestern alles erzählt. Er weiß nicht nur, dass Meister Heng Fu nach ihm sucht, sondern auch, wo sich Bao versteckt hält."

„Seid ihr völlig verrückt?" Ogotai traute seinen Ohren nicht. „Der Dieb hat Bao bedroht! Ist euch klar, was ihr da angerichtet habt?"

„Wir ahnten ja nicht, dass er der Dieb war", gestand Meili kleinlaut. „Wir dachten, Xu könnte uns bei der Suche helfen."

„Und jetzt", ergänzte Ping, „will sich der Sekretär

Bao schnappen, weil er befürchtet, dass der Junge im letzten Augenblick irgendwelche Pläne durchkreuzen könnte."

„Wisst ihr, was er im Schilde führt?", fragte Ogotai.

„Keine Ahnung, doch es ist bestimmt nichts Gutes", meinte Ping.

Ohne Pause hasteten die Kinder die schmale Uferstraße entlang. Die Sonne war inzwischen untergegangen. Nur am Horizont glühte noch immer ein feuerroter Streifen. Gerade als sie den Weg Richtung Stadttor einschlugen, begannen die Mönche des nahe gelegenen Jingci-Klosters, die riesige Bronzeglocke, die das Ende des Tages ankündigte, zu schlagen. Ihr Klang hallte über den See, um kurz darauf als gespenstisches Echo zurückzukehren.

„Was hattest du eigentlich bei der Leifeng-Pagode zu schaffen?", wollte Ping von Ogotai wissen. „Wer garantiert uns, dass du nicht ebenso mit dem Sekretär unter einer Decke steckst?"

„Na, in diesem Fall hätte ich euch wohl besser bei der Hexe in der Pagode lassen sollen“, entgegnete Ogotai schlagfertig, doch dann wurde er ernst. „Ich arbeite im Auftrag von Meister Heng Fu. Ihm kam zu Ohren, dass Sekretär Xu zusammen mit anderen Männern ein Verbrechen plante. Etwas Großes. Doch er wusste nicht genau, was. Deswegen hat er mich beauftragt, dem Mann nachzustellen.“

„Hast du herausgefunden, was er vorhat?“

„Nein. Zwei reiche Gören in einem Turm kamen mir in die Quere“, grinste er. „Los, beeilt euch! Wir müssen vor den Männern beim Wirtshaus sein.“

„Werden die Tore nicht bald für die Nacht geschlossen?“, fragte Meili, als sie sich dem Stadttor näherten.

„Erst zur Stunde des Schweines, wenn die Ausgangssperre beginnt“, antwortete Ogotai. „Bis dahin ist noch ewig Zeit.“

Trotzdem mussten sie am Tor warten, denn nur wenige Augenblicke vor ihnen waren zwei Lastenträger angekommen. An Bambusstangen, quer über ihren Schultern, baumelten schwere, bis zum Rand vollgepackte Körbe. Der Wachmann stellte sich den beiden breitbeinig in den Weg und begann, sie ausführlich zu befragen, was sie um diese Zeit noch in der Stadt

wollten. Erst als er mit der Auskunft zufrieden schien, winkte er die Männer durchs Tor. Ping überlegte, wie sie auf die Fragen des Wachmanns reagieren sollten, doch dieser ließ die Kinder ohne Weiteres passieren.

„Hier lang“, wies Ogotai den Weg. Er kannte sich in dem Straßengewirr Quinsais gut aus und wusste, wie man schnell zum Wirtshaus gelangte.

Noch war Betrieb in der Stadt. Passanten eilten nach Hause, Straßenverkäufer packten ihre Waren ein und räumten ihre Stände auf, während in den Kanälen Bootsleute ihre Kähne für die Nacht vertäuten.

Mit Ogotai an der Spitze stürmten die Geschwister durch Straßen, die ihnen völlig fremd waren.

„Endlich“, seufzte Meili erleichtert, als sie an der nächsten Ecke das Wirtshaus „Zu den Hundert Laternen“ erkannte. „Wir sind da.“

„Ogotai!“ Ein hagerer Junge tauchte plötzlich wild gestikulierend aus dem Schatten auf. Hinter ihm erschien eine Horde von Straßenjungen, die alle aufgeregt durcheinanderredeten. „Bao wurde entführt!“, übertönte der Hagere die anderen.

„Habt ihr Meister Heng Fu Bescheid gegeben?“, erkundigte sich Ogotai.

„Der ist mal wieder unauffindbar“, erwiderte der Junge.

„Wir wissen jedoch, wohin sie Bao geschleppt haben“, mischte sich ein kleiner Junge ein, der selbst Meili nur bis zur Schulter reichte. „Die Männer wollten ihn in einen verlassenen Tempel bringen.“

„In welchen Tempel?“

Der Junge zuckte mit den Schultern. „Keine Ahnung. Aber ich habe gehört, dass sie noch heute Nacht den Vizekönig stürzen wollen.“

„Erzählst du uns mal wieder eine deiner Lügengeschichten?“, fragte Ogotai den Jungen streng.

Der schüttelte heftig den Kopf, während er sich mit seinem Ärmel die Nase wischte. „Ehrenwort. Die Männer haben von irgendwelchen gelben Drachen gesprochen, die den Palast stürmen sollen."

„Eine Rebellion!", entfuhr es Ping fassungslos. „Das müssen wir unbedingt verhindern."

„Wie sollen wir das schaffen, wenn wir nicht mal wissen, wo sich die Rebellen versammeln?" Ogotai wusste nicht mehr weiter.

„Wir sollten auf alle Fälle die Nachtwachen alarmieren", schlug Ping vor. „Die könnten Alarm schlagen, so wie sie es gewöhnlich bei Feuer tun."

„Gute Idee. Dadurch würden auch die Truppen des Großkhans, die vor den Stadttoren lagern, gewarnt."

„Wo ist der nächste Wachturm?", drängte Meili. Sie wollte nicht länger tatenlos herumstehen.

„Bei der Hauptbrücke am Kanal", erwiderte Ogotai und rannte los, Ping und Meili mit den Straßenjungen folgten ihm.

Die Nachtwächter wussten nicht, wie ihnen geschah, als plötzlich eine Gruppe Kinder in ihre Wachstube stürmte und ihr gemütliches Kartenspiel unterbrach.

„Was wollt ihr?", fragte sie einer der Wächter schroff.

„Der Sekretär des Präfekten plant, den Vizekönig zu stürzen“, erklärte Ping ernst.

Statt zu antworten, lachte der Mann laut auf.

„Sie müssen Alarm schlagen, um die Wächter auf den anderen Wachtürmen und die Truppen zu warnen!“, forderte Meili.

„Verschwindet“, gebot ihnen der Mann immer noch lachend, während sein Kollege die Kinder aus dem Raum scheuchte.

„Aber ...“, wandte Ping ein.

„Verschwindet, habe ich gesagt“, wiederholte er, inzwischen ernst. „Wir haben Wichtigeres zu tun, als euren Märchen zu lauschen.“

„Und jetzt?“, stöhnte Ogotai, als sie vor dem Wachturm auf der Straße standen.

„Wir könnten heimlich selbst den Gong schlagen“, schlug einer der Jungen vor.

„Die Männer sitzen direkt davor“, entgegnete Meili. „Da kommen wir nie ran.“

„Werden auf den Wachtürmen nicht Raketen aufbewahrt?“, überlegte Ping laut. „Wir könnten damit die anderen Wachtürme alarmieren.“

„Stimmt“, erwiderte Ogotai. „Die Raketen werden vermutlich oben im Turm gelagert.“ Er dachte kurz nach. „Nehmen wir mal an, die Wächter gehen abwechselnd jede halbe Stunde zur Kontrolle hoch ... Wenn wir uns beeilen, könnten wir es da ohne Weiteres schaffen, ungesehen hochzuschleichen, bevor der nächste seine Runde antritt.“

„Gut“, meinte Ping. „Du und Meili, ihr kommt mit hoch. Die anderen warten besser hier unten auf uns.“

Ogotais Vermutung war richtig, und wenig später standen die drei auf der Aussichtsplattform über einen Holzständer gebeugt, auf den Ping eine Rakete gelegt hatte.

„Und welche dieser Zündschnüre sollen wir nun anzünden?“, fragte Ogotai, der bereits einen Holzspan an der Laterne entzündet hatte.

„Keine Ahnung.“ Ping starrte ratlos auf das Schnurgewirr. „Erinnert mich an eine Schüssel voller Nudeln.“

Und trotz aller Aufregung fiel ihm auf einmal ein, dass er noch nichts gegessen hatte.

„Kein Problem", meinte Meili fachmännisch. „Mein Stickgarn sieht oft viel schlimmer aus." Und sie begann, die Zündschnüre zu entwirren.

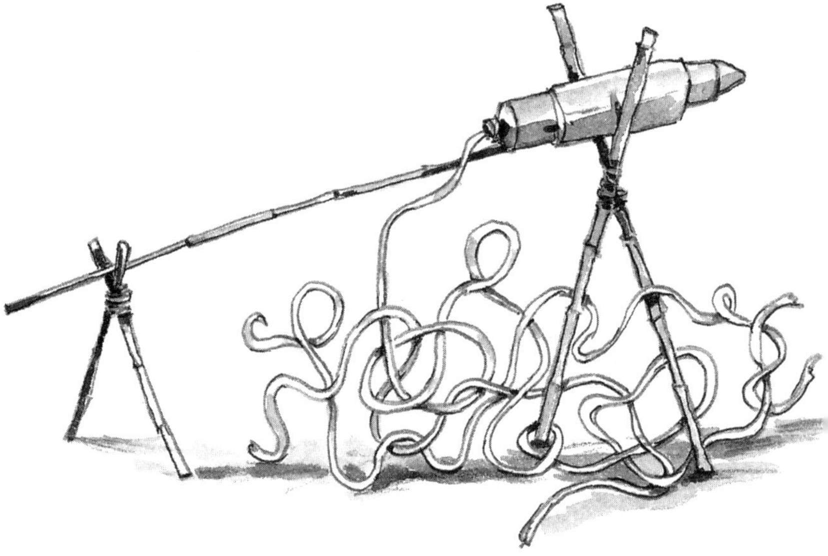

? *Welche Zündschnur sollen sie entzünden?*

Die Rebellion der gelben Drachen

Die Rakete schoss zischend in den Himmel hoch, wo sie mit einem ohrenbetäubenden Knall zerplatzte und als glühender Funkenschauer auf die Stadt niederrieselte. Doch kaum waren die letzten Funken verglüht, kamen die Wächter die Stufen hochgepoltert.

„Wie könnt ihr es wagen?“, schrie der Wachmann, der sie zuvor ausgelacht hatte. „Die Raketen sind nur für den äußersten Notfall vorgesehen! Als Signal für die anderen Wachtürme.“ Und wie auf ein Zeichen hin hallte plötzlich der dumpfe Klang hölzerner Gongs von nah und fern über die Stadt. Die Wächter der anderen Türme hatten die explodierenden Raketen gesehen und schlugen Alarm. Unten auf der Straße traten neugierige Menschen aus ihren Häusern. Mit Laternen in der Hand wollten sie herausfinden, was geschehen war. Dann plötzlich brach ein Tumult aus.

„Seht ihr, was ihr angerichtet habt?“, schimpfte der Wachmann. „Um hier wieder Ordnung zu schaffen, benötigen wir die Truppen, die vor den Toren lagern.“

„Wenn Sie die Rebellion verhindern wollen“, verkündete Ping, „brauchen Sie die ohnehin!“

„Nun fangt bloß nicht wieder mit dem Unsinn an!"

„Es ist kein Unsinn", korrigierte ihn Ogotai. „Während wir hier kostbare Zeit verplempern, bereiten sich die Rebellen in einem verlassenen Tempel zum Angriff auf den Vizekönig vor."

„Vielleicht sollten wir sicherheitshalber doch nachprüfen, ob diese Geschichte wahr ist", meinte ein jüngerer Wachmann. „Es gibt hier nur einen verlassenen Tempel: den ehemaligen kaiserlichen Ahnentempel. Es kann nicht schaden, dort mal nachzusehen."

„Na gut", lenkte sein älterer Kollege ein. „Schicke einen Boten zum Hauptmann der Truppen, um Verstärkung anzufordern." Dann wandte er sich an die Kinder. „Falls eure Rebellion erfunden ist", drohte er ihnen, „wird es euch schlecht ergehen." Er blickte sie grimmig an. „Ihr bleibt hier, bis wir wiederkommen. Und wagt euch nur ja nicht von der Stelle."

Kurz darauf standen die Kinder allein auf dem Wachturm. Allerdings hatten sie keineswegs vor, dort tatenlos zu warten. Auch sie machten sich auf den Weg zum ehemaligen kaiserlichen Ahnentempel.

„Dass uns das nicht selbst eingefallen ist“, meinte Ping, als er neben Ogotai und seiner Schwester, den Gassenjungen voran, durch das nächtliche Quinsai eilte. „War doch klar, dass es sich nur um diesen Tempel handeln konnte. Seit der Tatarenkaiser den Vizekönig eingesetzt hat, hat sich niemand mehr darum gekümmert. Der Tempel ist völlig vernachlässigt.“

„Außerdem“, ergänzte Ogotai atemlos, „liegt er gleich neben der Palastmauer. Eine ideale Lage, um von dort aus in den Palast einzudringen.“

Etwa eine halbe Stunde später kauerten die Kinder hinter einer Gruppe hochgewachsener Kampferbäume, die ein Stück entfernt links vom Tempel standen. Die Fackeln, die entlang der Palastmauer aufleuchteten, verrieten den Standort der Truppen, die kurz vor den Kindern angekommen waren. Mehrere dunkle Gestalten begannen, sich gleich darauf aus der Dunkelheit zu lösen und dem Tempel zu nähern. Doch bevor es ihnen gelang, durchs Tor einzudringen, prasselte ein Schauer von Pfeilen vom Dach des Gebäudes auf sie hernieder. Durch den Alarm aufmerksam geworden, waren die Rebellen auf einen Angriff vorbereitet und hatten sich in Position gebracht.

„Wir gehen in den Tempel“, flüsterte Ogotai fest entschlossen, „und holen Bao raus.“

„Spinnst du?“ Ping starrte ihn ungläubig an.

Doch der Junge ignorierte ihn. Stattdessen befahl er den anderen Straßenjungen, sich unauffällig von hinten an den Tempel heranzuschleichen und nach einem zweiten Eingang zu suchen.

„Aber die Rebellen sind bewaffnet!“

„Na und?“, erwiderte Ogotai gelassen. „Überlass das nur uns.“

Die Rebellen hatten sich im oberen Stockwerk des Tempels verbarrikadiert, wo ein Balkon aufs Dach hinausführte. Von hier konnten sie sich gut gegen die Angriffe der Soldaten verteidigen. Mit einer Attacke von der Rückseite des Tempels hatte jedoch keiner von ihnen gerechnet.

„Los!“, zischte Ogotai, als seine Bande lautlos in das Gebäude eindrang. „Zeigt ihnen, was ihr von Meister Heng Fu gelernt habt!“

Ping und Meili, die den Straßenjungen bis auf den Balkon gefolgt waren, sahen mit offenem Mund zu, wie die Jungen in rasender Geschwindigkeit von hinten auf die Verschwörer zustürmten. Dabei sprangen sie mit großen Sätzen durch die Luft, sodass es fast aussah, als würden sie fliegen. Ogotai schlug ein kunstvolles Rad und gab einem der bewaffneten Männer einen kraftvollen Stoß. Dessen Bogen fiel aus seiner Hand, während er den Jungen verblüfft anstarrte.

Selbst der Knirps, der bekannt für seine Lügengeschichten war, wirbelte geschickt herum, schlug Purzelbäume in der Luft und hieb dabei mit Fäusten und Fersen um sich.

„Wir müssen den anderen helfen." Obwohl Meili nicht in der Kampfkunst ausgebildet war, stürzte sie nun auf Sekretär Xu zu, klammerte sich an dessen Arm fest und begann, ihn wie eine wilde Katze zu kratzen.

„Meili?", fragte dieser verwundert, als er Herrn Wangs Tochter erkannte. Dann plötzlich schrie er vor Schmerzen laut auf. Das Mädchen hatte ihn in die Hand gebissen. Gleichzeitig griff Ping, der nicht länger tatenlos zusehen konnte, den Sekretär von hinten an. Der Mann stolperte und landete bäuchlings auf dem Boden. Einen Augenblick später hockte Ping über ihm und hämmerte mit den Fäusten wild auf ihn ein.

Der Überraschungsangriff der Kinder bot den kaiserlichen Truppen die Gelegenheit, den Tempel zu stürmen, denn nun waren die Rebellen zu sehr abgelenkt, als dass sie noch hätten Pfeile schießen können. Es dauerte nicht lange, und sie waren überwältigt. Gleich darauf war der staunende Bao, den die Rebellen an einen Stuhl gefesselt hatten, befreit.

„Menschenskinder“, meinte Ping, immer noch atemlos, doch voller Bewunderung. „Ihr werdet nicht ohne Grund Kampfgrillen genannt.“

„Meister Heng Fu ist ein guter Lehrer“, erwiderte Ogotai bescheiden. „Doch du und deine Schwester, ihr seid auch nicht ohne. Euer Kampfstil allerdings“, fügte er grinsend hinzu, „lässt noch zu wünschen übrig.“

„Präfekt Tien ist bei Vater auf Besuch“, teilte Ping seiner Schwester mit, als sie sich am Nachmittag des folgenden Tages im Garten trafen. Er deutete auf den Pavillon. „Die unterhalten sich sicher über die Rebellion.“ Er hielt einen Augenblick inne. „Komm schon, ich will mehr darüber erfahren.“

Meili schielte auf das Diabolo ihres Bruders, das dieser unter den Arm geklemmt hatte, doch dann folgte sie ihm in ein Versteck neben dem Pavillon.

„Die Sekte nannte sich ‚Die gelben Drachen‘“, erklärte Präfekt Tien gerade ihrem Vater. „Xu war ihr Anführer. Ziel seiner Organisation war es, den Vizekönig zu stürzen, die Macht an sich zu reißen und schließlich Xu als Kaiser einzusetzen.“

„Ich kann es immer noch nicht fassen“, meinte Herr Wang. „Wer hätte Xu das zugetraut? Zettelt eine Rebellion an und hat noch dazu die Frechheit, Sie zu bestehlen, um sein verrücktes Vorhaben zu finanzieren ... Nicht zu vergessen, dass er Ihr Personal bedrohte.“ Ungläubig schüttelte er den Kopf. „Zwar halte ich absolut nichts davon, wenn Kinder ihre Nasen in anderer Leute Angelegenheiten stecken, doch ohne Ping und Meili wäre es dem Mann vermutlich gelungen, seinen Plan auszuführen.“

„In der Tat“, stimmte ihm der Präfekt zu. „Manchmal allerdings“, gestand er, „male ich mir selbst gerne aus, wie es wäre, wenn wir uns der Tataren entledigten und die Herrschaft der Chinesen in Cathay wiederherstellen würden.“ Als er merkte, wie ihn Herr Wang erstaunt ansah, fügte er hinzu: „Auf legalem Wege natürlich.“

„Das soll er nur mal nicht Marco Polo hören lassen“, flüsterte Ping seiner Schwester zu. „Der könnte es nämlich Kublai Khan berichten, und dann würde Präfekt Tien ebenfalls als Rebell verhaftet.“

Doch Meili hatte die Nase voll von Dieben, Aufständen und Rebellen.

„Herr Polo ist heute früh abgereist“, stellte sie trocken fest. Dann griff sie nach dem Diabolo und den Stöcken, die ihr Bruder neben sich auf den Boden gelegt hatte, und rannte auf die Zickzackbrücke zu. Gleichzeitig begann sie, den Doppelkreisel schnell auf der Schnur zu wirbeln.

„Na, wenn das nur gut geht“, stöhnte ihr Bruder. „Das letzte Mal, als du mit dem Diabolo gespielt hast, sind wir ganz schön in Schwierigkeiten geraten ...“

„Na und?“, meinte Meili lachend. „Ohne meine akrobatischen Künste hätten wir nie die Rebellion verhindert!“ Und sie schleuderte das Diabolo übermütig in die Luft.

Lösungen

Der fremde Teufel

Das Diabolo schwimmt im Goldfischteich, unterhalb der linken Brücke.

Ein rätselhaftes Orakel

Wenn man dem Rat des Wahrsagers folgt und nur jedes vierte Wort des Orakelspruchs nimmt, ergibt sich folgende Lösung: *Grillen – Jungen – Wissen – Versteck.*

Die Kampfgrillen

Kennwort Trampeltier

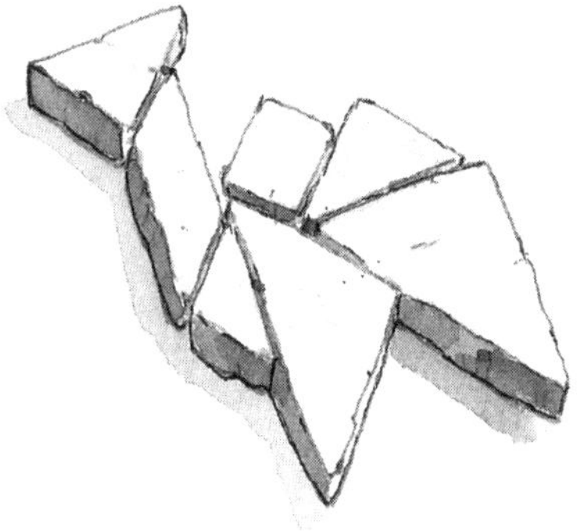

In der Höhle des Löwen

Die Vase des Präfekten steht auf dem dritten Regalbrett von oben, ganz rechts. Meili hat sie an der Perle erkannt.

Ermittlungen im Nachbarhaus

Dai Ling lügt. Sie konnte im abgeschiedenen Hinterhof gar nicht hören, wie das Tor zur Straße geöffnet wurde und gleich darauf laut krachend zuschlug. Vermutlich ist der Dieb also durch die versteckte Gartenpforte entwischt, von der der Torhüter sprach.

Ausflug zum Westsee

Es handelt sich um die linke Pagode auf der Landzunge im See.

Die Leifeng-Pagode am Abend

Die ersten fünf Zahlen auf dem Schloss lauten: 1, 4, 2, 5, 3. Die Zahlensprünge sind jeweils +3, −2, +3, −2, +3, −2. Die letzten beiden Ziffern der Zahlenreihe müssen daher 6 und 4 sein (3 + 3 = 6, 6 − 2 = 4).

Feuerwerk über der Stadt

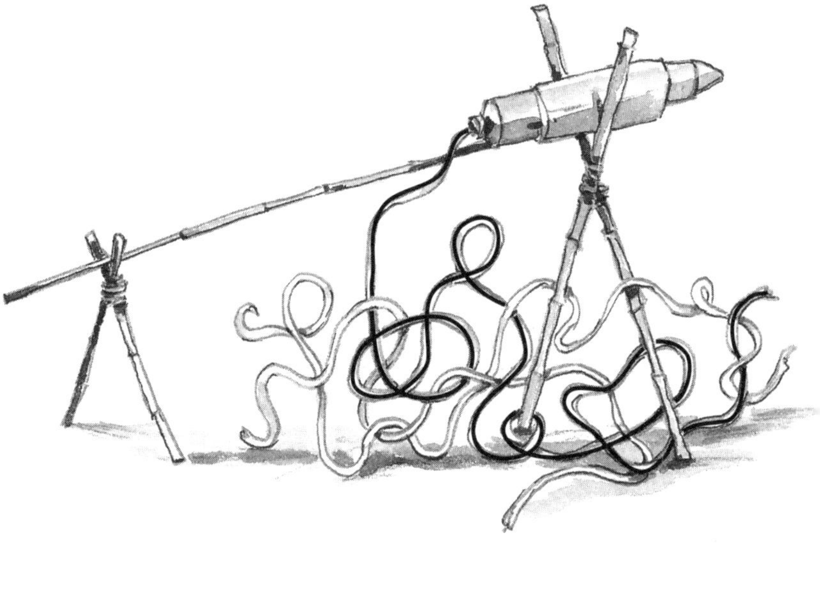

Glossar

Abakus: chinesische Rechentafel, mit der durch Verschieben von Perlen auch komplizierte Rechenaufgaben zu lösen sind

Ausgangssperre: festgelegte Zeit, zu der es aus Sicherheitsgründen verboten ist, sein Haus zu verlassen

Cathay: Bezeichnung für China zur Zeit Marco Polos

Diabolo: Spielgerät, das ursprünglich aus China stammt. Es besteht aus einem durch eine Achse verbundenen Doppelkegel. Dieser wird auf einer zwischen zwei Stöcke gespannten Schnur rotiert und in die Luft geworfen. Mit ein bisschen Übung kann man mit dem Diabolo viele Tricks ausführen.

Drachenbrunnentee: grüner Tee, der aus der Gegend von Hangzhou, dem früheren Quinsai, stammt

Fremder Teufel: abwertende Bezeichnung für Ausländer im alten China

Gilde: Vereinigung von Menschen, die den gleichen Beruf ausüben und die gleichen Interessen verfolgen

Großkhan: Titel der Mongolen für den obersten Herrscher ihres Landes

Hangzhou: südwestlich von Schanghai gelegene Stadt, die Marco Polo im 13. Jahrhundert auf seinen Reisen besuchte (siehe auch Quinsai)

Hellebarde: Stoßwaffe mit langem Stiel, an deren Ende sich – zusätzlich zur Speerspitze – eine Streitaxt befindet

Jasminblütentee: mit Jasminblüten parfümierter Tee

Kalligrafie: Kunst des Schönschreibens

Kampferbaum: bis zu 50 Meter hoher immergrüner Baum, aus dessen Holz Kampferöl gewonnen wird

Kormoran: großer Wasservogel

Kublai Khan (1215–1294): Enkel Dschingis Khans, der China unter der Herrschaft der Mongolen vereinigte. Er ernannte sich sowohl zum Großkhan der Mongolen als auch zum Kaiser von China. Trotz seiner mongolischen Abstammung übernahm er die chinesische Lebensweise und gründete die Yuan-Dynastie.

Kupferling: Geldmünze aus Kupfer

Marco Polo (ca. 1254–1324): italienischer Händler und Forschungsreisender (siehe Anhang: Die wundersamen Reisen des Marco Polo)

Pagode: Turmbau, der im Andenken Buddhas errichtet wurde. In Pagoden bewahrte man oft buddhistische Schriften und Reliquien auf.

Pfandhaus: Laden, in dem man sich gegen Waren als Pfand Geld ausleihen kann

Präfekt: Regierungsbeamter, der einer Stadt oder einer Provinz vorsteht

Quinsai: alte Bezeichnung der chinesischen Millionenstadt Hangzhou (siehe dort)

Reich der Mitte: chinesische Bezeichnung für das alte China, so genannt, da man glaubte, es läge im Zentrum der Welt

Reliquien: religiöse Gegenstände, aber auch Gebeine, die von einer heiligen Person stammen

Sänfte: Tragestuhl

Schutzgeist: guter Geist, der Hausbewohner vor bösen Dämonen und Unglück beschützt

Siebenbrettspiel: Legespiel, auch Tangram genannt, das ursprünglich aus China stammt. Es besteht aus sieben Holzteilen, mit denen die verschiedensten Figuren gelegt werden können.

Stunde der Ratte: Zeiteinteilung im alten China: 23 Uhr bis ein Uhr

Stunde des Schweines: Zeiteinteilung im alten China: 21 Uhr bis 23 Uhr

Su-Deich: drei Kilometer langer Deich entlang des Westsees, der circa 1089 von einem ehemaligen Präfekten in Quinsai angelegt wurde

Tataren: Bezeichnung für die Mongolen zur Zeit Marco Polos

Westsee: künstlich angelegter See in Hangzhou (Quinsai)

Zeittafel

1215	Kublai Khan, zukünftiger Herrscher der Mongolen und Kaiser Chinas, wird geboren.
1234	Die Mongolen besiegen die Jin-Dynastie Nordchinas.
1254	Marco Polo wird in Venedig als Sohn des Juwelenhändlers Niccolò Polo geboren.
1260	Kublai Khan ernennt sich zum Großkhan der Mongolen.
1260	Niccolò Polo und Marcos Onkel Maffeo machen sich auf die Reise in den Osten, um dort mit Edelsteinen zu handeln. Durch einen Krieg mongolischer Stämme werden sie immer weiter die Seidenstraße Richtung China getrieben. An ihrer Rückreise gehindert, beschließen sie, zum Hof des Großkhans weiterzuziehen.
1264	Kublai Khan verlegt seine Hauptstadt von Karakorum nach Khanbalik, dem heutigen Peking.
1266	Niccolò und Maffeo treffen in Khanbalik ein und werden vom Großkhan empfangen. Dieser schickt sie mit einer Botschaft an den Papst zurück nach Europa.
1269	Rückkehr der Gebrüder Polo nach Venedig
1271	Die Brüder Niccolò und Maffeo Polo machen sich abermals nach China auf,

	dieses Mal begleitet von dem jungen Marco, Niccolòs Sohn. Kublai Khan ernennt sich zum Kaiser von China und begründet die Yuan-Dynastie.
1274	Die Polos errreichen die Westgrenze Chinas. Kublai Khans neuer Palast in Khanbalik wird fertiggestellt.
1275	Ankunft der Polos am Hof des Kublai Khan. Marco Polo wird zum Gesandten des Großkhans ernannt.
1279	Ganz Südchina fällt unter die Herrschaft Kublai Khans.
1280	Kublai Khan lässt einen Verbindungskanal zwischen Khanbalik und Quinsai (Hangzhou) bauen.
1283	Die nördliche Strecke des sogenannten Großen Kanals zwischen Khanbalik und Quinsai wird vollendet.
1275–1291	Marco Polo hält sich am Hof des Großkhans auf. Er arbeitet im Dienst Kublai Khans und reist in dessen Auftrag kreuz und quer durch China.
1291	Die Polos beginnen ihre Rückreise.
1294	Kublai Khan stirbt in Khanbalik.
1295	Ankunft der Polos in Venedig
1298	Marco Polo nimmt an einer Seeschlacht zwischen Venedig und Genua teil. Dabei gerät er in die Gefangenschaft der Genuesen. Im Gefängnis von Genua

berichtet er seinem Zellengenossen Rustichello da Pisa von seiner Reise, die dieser für ihn aufschreibt.

1299 Marco Polo wird aus dem Gefängnis in Genua entlassen und kehrt nach Venedig zurück, wo er wie sein Vater als Kaufmann arbeitet und eine Familie gründet.

1324 Marco Polo stirbt in Venedig.

1368 Die Rebellion der „Roten Turbane" stürzt die Fremdherrschaft der Mongolen. Der Rebellenführer, ein Bauernsohn, ernennt sich zum Kaiser von China und begründet die Ming-Dynastie, die die mongolische Yuan-Dynastie ablöst.

Die wundersamen Reisen des Marco Polo

Unterwegs nach China

Als der kleine Marco Polo 1260 sechs Jahre alt war, ging sein Vater Niccolò zusammen mit seinem Onkel Maffeo auf Geschäftsreise. Die venezianischen Juwelenhändler wollten in Kleinasien Edelsteine kaufen. Unvorhergesehenerweise dauerte diese Reise jedoch länger als geplant: Mutter und Sohn mussten ganze neun Jahre auf die Rückkehr des Vaters warten. Der Grund für die Verzögerung war, dass den Händlern der Heimweg abgeschnitten wurde, weil zwischen den mongolischen Stämmen der Gegend Kämpfe ausgebrochen waren. Statt heimzukehren, schlossen sich die Polos daher einer persischen Gesandtschaft an, die sich auf dem Weg nach China, zum Großkhan, befand.

Kublai Khan, der Herrscher des Mongolenreiches, empfing die Fremden erfreut. Da ihn das Abendland schon immer interessiert hatte, schickte er die Brüder bald darauf mit einer Botschaft an den Papst zurück nach Italien. Sie sollten 100 abendländische Gelehrte nach China geleiten, damit der Großkhan von ihnen mehr über das Christentum und die abendländischen Wissenschaften erfahren konnte.

Nach zwei Jahren in der Heimat machten sich die beiden Juwelenhändler 1271 wieder auf den Weg nach China. Da Frau Polo inzwischen verstorben war, durfte der nun 17-jährige Marco seinen Vater und den Onkel auf der langen Reise begleiten.

Auch zwei Mönche, die der Papst anstelle der 100 Gelehrten entsendet hatte, waren mit von der Partie. Allerdings gaben die heiligen Männer bereits nach kurzer Zeit auf. Die Strapazen der Reise waren ihnen zu beschwerlich, und sie zogen es vor umzukehren.

Die Polos dagegen schlossen sich den Handelskarawanen an, die entlang der Seidenstraße nach Osten zogen. Die lange Reise führte sie durch die heutige Türkei und Zentralasien bis ins ferne Cathay (China).

Obwohl sie entlang einer beliebten Handelsroute reisten, waren die Wege keineswegs sicher. Da gab es Räuber und Banditen, die den Reisenden auflauerten. Es mussten tosende Ströme, endlose Wüsten und schneebedeckte Gebirgspässe überwunden werden.

Doch die drei wurden für alle Strapazen belohnt, denn vor ihren Augen erstreckten sich großartige Landschaften, sie sahen herrliche Städte, und fast überall wurden sie gastfreundlich empfangen. Der wissbegierige Marco konnte nicht genug davon bekommen. Dann endlich, nach dreieinhalb Jahren, erreichte die Reisegruppe Kublai Khans prächtigen Hof.

Im Reich des Großkhans

Kublai Khan beherrschte zu diesem Zeitpunkt bereits ein riesiges Reich, das sich vom Pazifischen Ozean bis zum Schwarzen Meer und von Sibirien bis zum Himalaja erstreckte. Erst kurz zuvor war es ihm gelungen, den letzten chinesischen Kaiser zu stürzen und sich selbst zum Kaiser von China zu ernennen. Damit vollendete er, was sein Großvater begonnen hatte. Denn nur ein Jahrhundert, bevor die Polos den Hof des Großkhans erreichten, hatte das nomadische Reitervolk der Mongolen, dessen Stämme die nördlichen Grassteppen besiedelten, relativ wenig Macht. Doch Kublais Großvater Dschingis Khan war es gelungen, die verschiedenen Stämme unter seiner Herrschaft zu vereinen. Er schaffte es, alle benachbarten Gebiete zu unterwerfen, mit dem Ziel, eines Tages ganz Asien zu regieren.

Sein Enkel Kublai Khan war jedoch, trotz aller Eroberungspolitik, ein aufgeschlossener Mann, der an

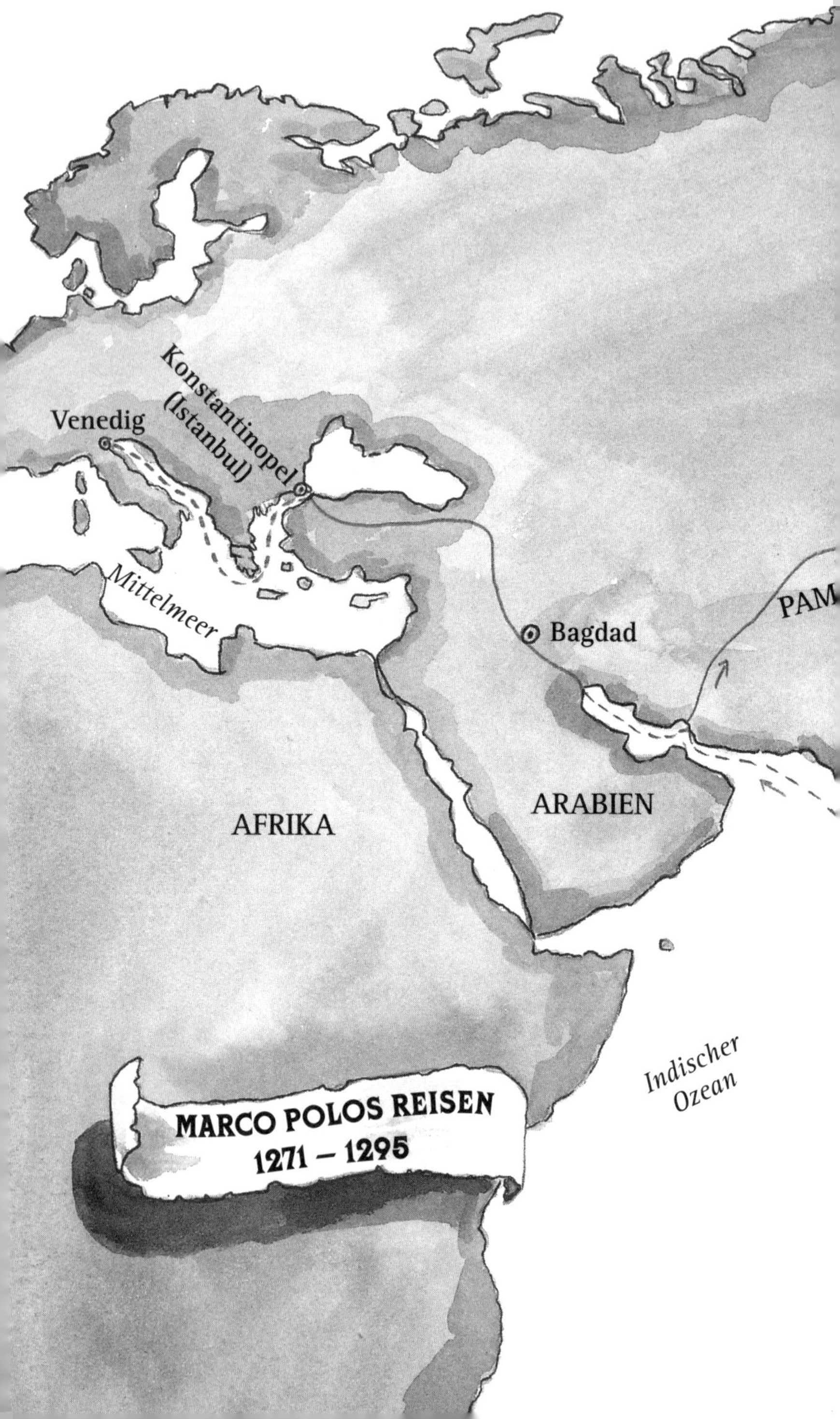

Venedig
Konstantinopel (Istanbul)
Mittelmeer
Bagdad
PAM
ARABIEN
AFRIKA
Indischer Ozean
MARCO POLOS REISEN
1271 – 1295

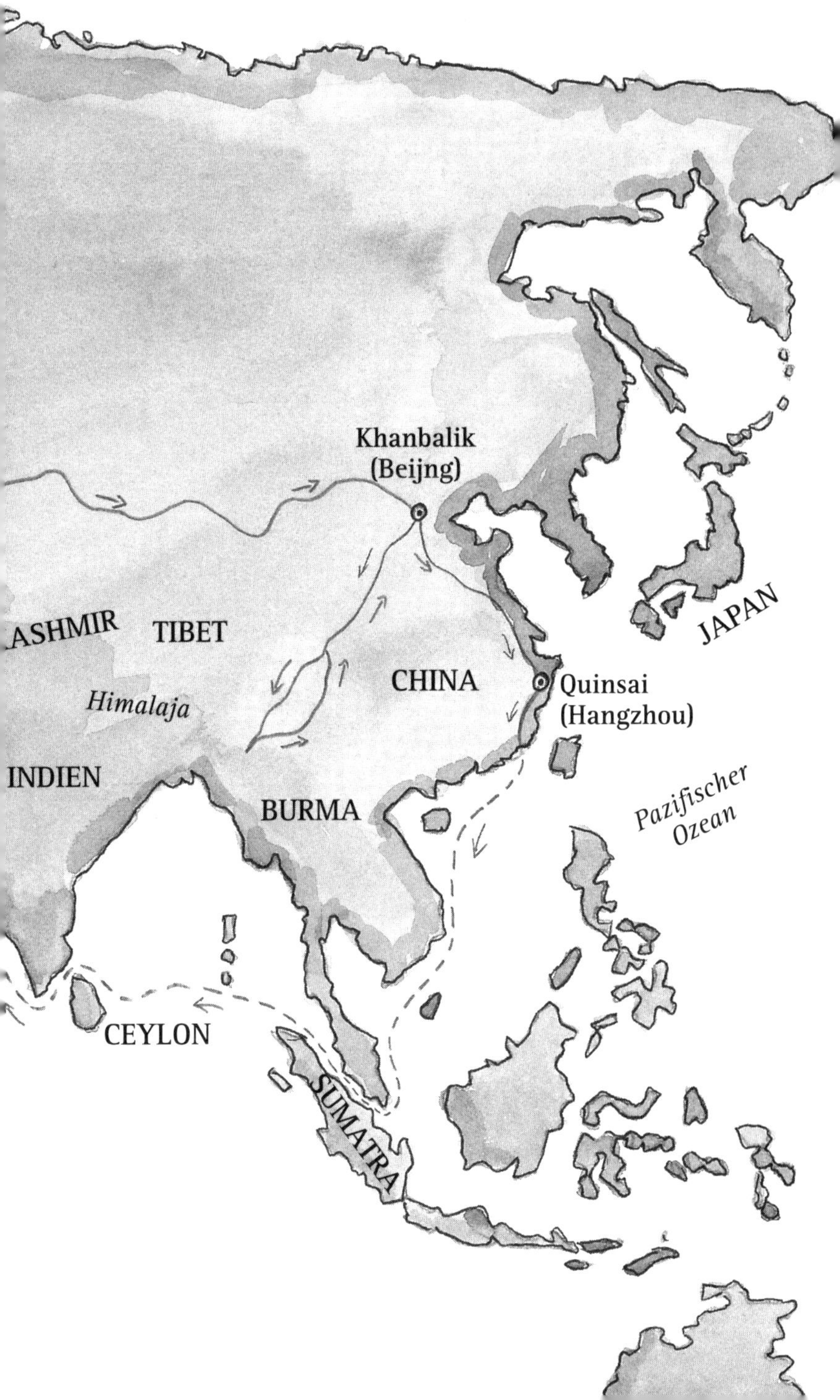

Khanbalik
(Beijng)
ASHMIR
TIBET
CHINA
JAPAN
Quinsai
(Hangzhou)
Himalaja
INDIEN
BURMA
Pazifischer
Ozean
CEYLON
SUMATRA

Marco Polo gleich Gefallen fand. Der junge Venezianer lernte schnell und machte bald Karriere am Hof Kublai Khans. Manche Quellen behaupten, er sei als Steuereinzieher im Dienste des Großkhans durch die Lande gezogen, andere, er hätte als Statthalter gearbeitet. Allerdings gibt es dafür keinerlei Belege, und niemand weiß genau, welche Aufgaben Marco Polo erfüllte.

Ziemlich sicher ist allerdings, dass Marco – nachdem er sich einige Jahre in der Kaiserstadt aufgehalten hatte – viel Zeit damit verbrachte, das Reich zu durchreisen. Da sich der Herrscher für alles, was in seinem Land geschah, interessierte, sammelte er dabei für ihn alle möglichen Informationen. Immer noch voller Begeisterung, erinnerte sich Marco Polo Jahre später an seine ausgedehnten Reisen durch China.

Wie in einem modernen Reiseführer beschrieb er die prächtigen Städte, die einmaligen Landschaften und die Sitten und Gewohnheiten der Bewohner. Die Millionenstadt Quinsai gefiel ihm besonders gut. Liebevoll schilderte er die Paläste, Gärten und Prachtstraßen der Stadt, erzählte von eleganten Brücken, die die Kanäle überspannten, und vom Westsee. Für Marco Polo war es die schönste Stadt der Welt.

Die Rückkehr nach Venedig

Viele Jahre später, 1291, beauftragte der Großkhan die Polos mit einer Sondermission: Sie sollten eine mongolische Prinzessin auf dem Seeweg nach Persien begleiten, weil der Landweg inzwischen zu gefährlich geworden war. Für Marco, seinen Vater und den Onkel bot sich dadurch die einmalige Gelegenheit, in ihre Heimat zurückzukehren. Dann, vier Jahre später, klopften die erschöpften Reisenden endlich an die Tore ihres Palazzos in Venedig, doch niemand wollte die Männer, deren Gewänder von der langen Reise abgetragen waren, einlassen. Erst als sie ihre Kleidersäume auftrennten und die darin verborgenen Edelsteine vorzeigten, erkannten ihre Verwandten, dass es sich tatsächlich um Marco, Niccolò und Maffeo handelte, die vor 24 Jahren nach China aufgebrochen waren und die längst für tot gehalten wurden.

Nach all den aufregenden Jahren im Ausland kam Marco der Alltag in Venedig sicher unglaublich langweilig vor. Als 1298 ein Krieg zwischen seiner Heimatstadt und Genua ausbrach, entschloss er sich wohl deswegen, eine der venezianischen Galeeren zu befehligen. Die Genueser gewannen die Seeschlacht, und Marco geriet in Gefangenschaft. Kurz darauf fand er sich im Gefängnis von Genua wieder, wo er mehrere Monate lang festsaß. Doch Marco wusste die Zeit sinnvoll zu nutzen: Wie es der Zufall wollte, war sein Zellengenosse Rustichello da Pisa Schriftsteller. Marco sah dies als einmalige Gelegenheit. Er ließ sich von seinem Vater seine Notizbücher aus Venedig schicken und diktierte dem Mitgefangenen seine Reiseerlebnisse. Das Buch, das unter dem Titel „Die Wunder der Welt" bekannt wurde, war äußerst erfolgreich. Es zählte neben der Bibel zu den meistgelesenen Büchern des Mittelalters. Zwar taten viele Leser die wundersamen Schilderungen oft als Märchen ab – denn wer glaubte schon, dass die Menschen in China nicht nur mit Münzen, sondern auch mit Papier zahlten oder dass sie schwarze Steine aus der Erde holten, um damit ihre Öfen zu heizen? Doch auch wenn Marcos Zeitgenossen nicht alles für bare Münze nahmen, wollte trotzdem jeder seine Abenteuer lesen.

Er selbst beteuerte immer wieder, dass sein Reisebericht der Wahrheit entsprach. Noch auf seinem Sterbebett im Jahr 1324, als ihn ein Priester bat, den Lügengeschichten abzuschwören, bestand er darauf, dass jedes Wort stimme. Übersetzt in zahlreiche Sprachen, ist Marco Polos Werk auch heute noch spannend und lesenswert.

Renée Holler, Jahrgang 1956, studierte Ethnologie und arbeitete zunächst als Buchherstellerin, bevor sie auf Reisen rund um die Welt ging. Seit 1992 lebt sie mit ihrem Mann und ihren zwei Kindern in England, wo sie schreibt und übersetzt.

Günther Jakobs, geboren 1978, studierte Design und Philosophie und arbeitet seitdem als Kinder- und Jugendbuchillustrator. Wenn er eine Pause braucht, setzt er sich an sein Klavier oder spielt Klarinette. Er macht aber nicht nur Musik, sondern hört sie auch gerne – am liebsten Jazz. Günther Jakobs wohnt und arbeitet in Münster.